Les GARÇONS sont formidables

FLEURUS

Direction : Guillaume Arnaud

Direction éditoriale : Sarah Malherbe

Édition : Virginie Gerard-Gaucher, assistée de Anne Castaing

Direction artistique : Elisabeth Hebert

Conception graphique : Ariane Bienaymé et Bleuenn Auffret

Mise en pages : Les PAOïstes

Fabrication : Thierry Dubus, Nicolas Legoll

Site : www.fleuruseditions.com

ISBN : 978-2-2151-2998-1

Code MDS : 652359

« Loi n° 49-956 du 16 juillet 1949 sur les publications destinées à la jeunesse. »

Les GARÇONS sont formidables

Samir Senoussi • Zelda Zonk

FLEURUS

Sommaire

ici
DIVINATION GRATUITE

mon CORPS et mon look

MON CORPS, MODE D'EMPLOI

Le corps est une vraie petite usine pleine de vie qui turbine, qui bouillonne et qui s'agite. Il se passe tellement de choses que ça paraît incroyable. Mais le plus incroyable, c'est qu'il n'y en a pas deux comme toi.

// Les gènes ? Qu'est-ce que c'est ?

Chromosomes XX et XY, embryon, génétique… on se croirait en plein film d'horreur ! Et pourtant non. Petite tentative d'explication. Chaque cellule abrite 46 chromosomes, 23 hérités du père et 23 hérités de la mère. Ces chromosomes forment une sorte de bibliothèque qui contient les plans de fabrication du corps, et dont les livres sont les gènes. Tu as un nez de boxeur et les oreilles en chou-fleur ? La faute aux gènes !

// Comment est fait le corps ?

Le corps est constitué de milliards de minuscules cellules, qui sont un peu comme les briques d'une maison. Et toutes ces cellules forment les os et la peau, mais aussi les organes, comme les yeux, les poumons, l'estomac ou le cerveau. Le sang est le carburant qui permet à cette machine compliquée de fonctionner. Il est propulsé à travers le corps grâce à un moteur, le cœur. Et un ordinateur central, le cerveau, assure nuit et jour la bonne marche de tout ce petit monde.

// Le cerveau, comment ça marche ?

Y en a là-dedans ! Eh oui, le cerveau est une galaxie de centaines de milliards de neurones. Ces cellules chargées d'information foncent aux quatre coins du cerveau comme des étoiles filantes. Pas étonnant que ça chauffe ! Mais c'est comme ça qu'on peut penser, rêver et imaginer… Le cerveau permet aussi de sentir, de voir, de goûter. Il est relié au reste du corps par de longs câbles qui s'appellent les nerfs. Quand on se fait mal, les nerfs de la peau disent « Aïe ! » au cerveau, qui commande immédiatement au corps de réagir. Pratique, non ?

// Un cerveau garçon et un cerveau fille ?

Le cerveau a-t-il un sexe ? Mystère, mystère… C'est un organe très compliqué, même pour les scientifiques, qui pourtant ont l'habitude de le faire travailler. Ce qui est sûr, c'est que l'intelligence n'a rien à voir avec le sexe.

// On peut choisir d'avoir une fille ou un garçon ?

Non, ça ne marche pas comme ça, et c'est cela qui est beau. Les parents ne peuvent pas choisir d'avoir un garçon plutôt qu'une fille, c'est le hasard. En revanche, ce n'est pas par hasard qu'on te répète tout le temps que tu ressembles à tes parents : c'est parce qu'ils t'ont transmis leurs gènes.

CORPS EN PANNE !

Quand ton corps va bien, tout va bien ! Tu finis même par l'oublier, ce corps. Comme s'il était en pilotage automatique. Mais quand il se détraque, tu te sens tout de suite patraque. Qu'est-ce qui fait bugger le système ?

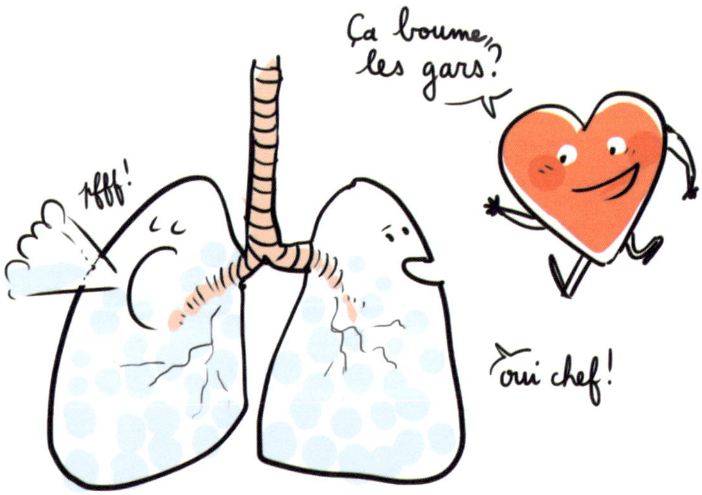

// Pourquoi on rote et on pète ?

Mais d'où viennent nos petits rototos et ces bruits de klaxon-prout parfum boules puantes ? C'est juste une histoire de gaz. Un prout au moment où tu le voulais le moins ? La faute à tes intestins en pleine digestion. Un rot en plein milieu du repas ? La faute à des bulles d'air qui remontent de ton estomac. D'ailleurs, on rote quinze fois par jour en moyenne. On ne va pas en faire un fromage, hein !

// Ça marche comment, la respiration ?

Dans l'air, il y a de l'oxygène qui file droit dans tes poumons quand tu inspires. Ensuite, il passe dans le sang et dans tout ton corps. Sa mission ? Transformer les aliments en énergie. Conclusion, on a tous besoin d'air ! On peut quand même retenir sa respiration un petit moment. Record du monde de la discipline ? 8 minutes 27 secondes ! À couper le souffle, non ?

// Que se passe-t-il quand on mange ?

Mais il est où ce pain au chocolat que tu as englouti d'un seul coup ? Direction le système digestif, une sorte d'usine de recyclage pleine de tuyaux, de cuves et de produits chimiques. D'abord, la langue, la salive et les dents coupent et mâchouillent ton pain au choc pour le rendre plus facile à avaler. Ensuite, chute libre à travers l'œsophage, un long tube qui descend vers le ventre. Et là, c'est l'estomac qui fait sa cuisine... ou plutôt sa bouillie : il broie, malaxe et dissout à l'aide de produits acides. Et le voyage continue jusqu'aux intestins : 7 mètres de tuyaux entortillés, qui font du tri sélectif ! Ils récupèrent ce qui est utile et font disparaître le reste. Étape finale, les toilettes !

// Comment on attrape les maladies ?

Il y a des choses qu'on n'a pas envie de partager... Et surtout pas les virus et les bactéries ! Ces invisibles envahisseurs prennent un malin plaisir à sauter d'une personne à l'autre comme les puces d'un chien. Résultat, si ton voisin a un gros rhume et qu'il t'éternue dessus, il risque de te refiler illico ses microbes. Merci pour le cadeau...

// Pourquoi on a de la fièvre quand on est malade ?

Tu claques des dents, tu frissonnes et tu fais exploser le thermomètre ? Pas de doute, tu as de la fièvre. Si ton corps réagit comme ça, c'est parce qu'il se défend contre la maladie. La fièvre, c'est un peu comme un gyrophare de police qui t'indique : attention, microbes !

// Pourquoi c'est important, les vaccins ?

Diphtérie, tétanos, poliomyélite, coqueluche... toutes ces maladies graves ont presque disparu grâce à des piqûres magiques : les vaccins. En injectant une minuscule quantité de microbes dans ton corps, on lui apprend à se défendre. Et ça marche : si tout le monde est vacciné contre une maladie, plus personne ne l'attrape et elle finit par disparaître.

// Le tabac, ennemi n° 1

Un jour, on te proposera de fumer une cigarette. Fumer, c'est déclarer la guerre aux poumons. Le tabac dépose sur leurs parois une suie toxique qui les empoisonne à petit feu. Par ricochet, il provoque aussi des maladies du cœur. Le meilleur moyen de rester en bonne santé est de ne pas commencer à fumer !

L'HYGIENE, C'EST QUOI ?

Ton corps, c'est ta maison, ton enveloppe, ta carapace... Alors, attention à ne pas l'abîmer. Tu as vérifié qu'il passait bien le contrôle technique ! Quelques conseils pour réussir haut la main...

// C'est quoi, les calories ?

Les aliments nous donnent de l'énergie pour faire fonctionner notre corps. Les calories permettent de mesurer la quantité d'énergie contenue dans la nourriture. Sais-tu qu'en 1 heure de foot, on dépense 600 calories, c'est-à-dire deux gros éclairs au chocolat ? Et qu'en 10 minutes de fou rire, on dépense 50 calories, c'est-à-dire une demi-banane.

// C'est quoi, une alimentation équilibrée ?

Envie d'un double cheeseburger supplément mayonnaise et d'une crêpe Nutella-chantilly assaisonnée de fraises Tagada ? Burp... À 9 ans, un enfant a besoin de 2 200 calories par jour, et rien que dans une mousse au chocolat il y en a déjà 500. Bon, c'est vrai qu'en grandissant les garçons ont besoin de manger plus que les filles, mais attention aux excès. Le plus important, c'est de manger de tout : des produits laitiers pour grandir, des fruits et des légumes pour les vitamines, et de la viande, du poisson ou des œufs pour les muscles.

// C'est quoi, l'obésité ?

Attention, rondouillard et obèse, ce n'est pas la même chose ! On est obèse quand on devient beaucoup trop gros pour sa taille. L'obésité peut être le signe d'une vraie maladie, qui s'appelle la boulimie. Les boulimiques ne peuvent pas s'empêcher de manger et de grignoter.

Aujourd'hui, en France, l'obésité touche un garçon sur six. Alors, mollo sur les sucreries et les boissons à bulles, et *go* ! sur le stade !

// Pourquoi doit-on se laver tous les jours ?

Ça sent le putois ici ! Tu fais la grève du savon ? ! Se laver, c'est se respecter soi-même et respecter les autres et leurs narines ! Pire encore, un corps pas propre, c'est le terrain de jeu préféré des microbes et des bactéries, ces petites bêtes qui montent, qui montent et qui adorent se glisser partout, sous les ongles, sur les doigts, dans la bouche, sans parler des cheveux sales, qui peuvent se transformer en colonies de vacances pour poux.

// Décalotter

Chaque jour, au moment de la douche, décalotter le sexe est aussi important que se laver derrière les oreilles. Il faut tirer vers l'arrière la peau qui recouvre le gland, le laver à l'eau légèrement savonneuse et bien rincer. Une habitude toute simple et facile à prendre pour éviter les irritations et les microbes.

// Pourquoi doit-on se brosser les dents ?

Pour croquer et mâcher, pour parler et aussi pour avoir le sourire qui tue. Il faut donc se laver les dents après chaque repas, de haut en bas, et pendant 3 minutes chrono ! Sinon, bonjour les caries : ces infections sont dues à des bactéries qui attaquent l'émail des dents. Au début on ne sent rien, mais après aïe ça fait mal à l'émail.

AVIS DE TEMPETE : RAZ-DE-MAREE PUBERTE

La puberté… un drôle de nom qui vient du mot « poil ». Eh oui, la puberté c'est le temps où apparaissent les poils. En fait, c'est tout le corps qui se transforme, et pas qu'un peu ! Alors, évidemment, la voix qui mue, la moustache qui pousse et la guerre des boutons, ça fait beaucoup en même temps !

// Où est-ce que les poils poussent ?

Presque partout : d'abord sur le sexe, ensuite sous les bras et enfin sur le visage, le torse, les jambes… Au début, ça surprend, ça démange les joues et ça fait transpirer sous les bras, mais après, on est fier de son petit duvet !

// C'est à quel âge, la puberté ?

Pour les garçons, la puberté commence vers 13-14 ans ; pour les filles, elle peut arriver plus tôt, vers 11-12 ans. Eh oui, les filles sont plus précoces ! C'est pour cette raison que, au même âge, elles sont souvent plus grandes que toi. Mais tu vas bientôt les rattraper et… les dépasser ! C'est très impressionnant pour les garçons car ils poussent d'un seul coup !

// Pourquoi a-t-on des boutons plein la figure ?

Les boutons, c'est l'ennemi numéro un des ados ! Difficile d'y échapper : 80 % des filles et des garçons en ont un jour ou l'autre. Le responsable ? Une sorte d'huile (le sébum) fabriquée par le corps qui protège la peau des agressions. Quand il y en a trop, elle empêche la peau de respirer et fait naître un bouton, puis deux, puis trois...

// Pourquoi seule la voix des garçons change ?

La voix des filles change aussi un peu, mais c'est plutôt discret... Alors que chez les garçons, ça saute aux oreilles ! Et ce n'est pas toujours très musical ! La voix « mue », déraille entre notes aiguës et graves. Où est-ce que ça coince, là-dedans ? Dans le larynx, un gros tuyau dans la gorge qui s'élargit à la toute fin de la puberté.
Au moins, avec cette grosse voix-là, plus de risque d'être confondu avec ta petite sœur au téléphone !

// Le sexe, change-t-il ?

Le sexe commence à prendre sa forme définitive. D'abord, les testicules gonflent et produisent des spermatozoïdes. Ensuite, le pénis grandit, grossit et devient un peu plus foncé.

// « Est-ce que je serai grand ? »

En deux ou trois ans tu peux prendre plus de 20 cm ! Enfin... chacun à son rythme. Au même âge, des garçons se font traiter de « nains de jardin » alors que leurs copains, ont déjà une taille de basketteur. Inutile de se comparer, la puberté peut débarquer n'importe quand entre 10 et 17 ans.

// Ça marche comment, une érection ?

Une érection, c'est quand le pénis s'allonge et durcit. Ça arrive souvent la nuit, mais aussi en classe ou en cours de gym, et là, on préférerait se faire tout petit, petit... Souvent, l'érection se termine par une éjaculation (le jet d'un liquide blanc qui s'appelle « le sperme »). Tout ça, c'est une histoire d'hormones masculines. C'est donc tout à fait normal et c'est même le signe que ton corps d'homme fonctionne bien !

FAIRE UN BEBE, C'EST QUOI ?

Si le corps se transforme autant à la puberté, c'est surtout pour que tu sois capable d'avoir des enfants un jour.

Euh... mais c'est un truc de filles, ça ?! Ben non, les filles ne peuvent pas faire de bébés toutes seules !

// C'est quoi, faire l'amour ?

Plus on grandit, plus l'attraction de la planète fille est irrésistible et… plus on tourne autour. Et quand on tombe amoureux, on est tellement attiré qu'on a envie de le dire avec des mots, et autrement aussi. Viennent les baisers et les caresses. Les caresses et les baisers. Les baisers, et puis… quand les deux amoureux sont d'accord et qu'ils se sentent prêts, « ils font l'amour » : le sexe du garçon entre dans celui de la fille. Bizarre ?
Mais non, pas quand on est amoureux…

// À partir de quel âge peut-on faire des bébés ?

Les garçons et les filles peuvent avoir des enfants dès le début de la puberté, donc entre 10 et 14 ans. Les filles peuvent en avoir dès qu'elles ont eu leurs règles (petites pertes de sang mensuelles) pour la première fois, et les garçons dès qu'ils produisent du sperme. Hep, pas si vite ! Ce n'est pas parce qu'on est prêt physiquement qu'on est prêt pour de vrai dans sa tête.

// Comment naissent les bébés ?

Dans les roses, dans les choux, dans le bec d'une cigogne ? Ouaf ! Et la petite graine ? On t'a déjà fait le coup ? Pourtant, ce n'est pas complètement faux… Pendant le rapport sexuel, l'homme dépose des millions de spermatozoïdes microscopiques au fond du sexe de la femme, où se trouve un ovule. Les spermatozoïdes sprintent et le plus rapide se mélangera avec l'ovule pour donner naissance à un tout petit embryon, qui deviendra plus tard un bébé.

// Pourquoi les garçons ne peuvent pas attendre de bébé ?

Scandale ! Pourquoi, nous, les garçons, on ne peut pas attendre de bébés ! Hein ? Les hippocampes le font bien ! Chez eux, c'est le père qui garde les petits dans son ventre. Mais chez nous, ça ne marche pas comme ça. Pas de bébé sans papa, bien sûr, mais avant de naître, le bébé reste dans le ventre de la maman, bien à l'abri dans son utérus, un peu comme un kangourou dans sa poche. Il respire et il mange à travers une espèce de longue paille qui s'appelle le cordon ombilical. Comme ça, il peut se développer et grandir. Et au bout de neuf mois un vrai petit enfant pointera le bout de son nez…

EST-CE QUE JE SUIS BEAU ?

Normal que tu te poses la question. Personne n'a envie d'être pris pour un « streum ». Pas toujours facile de s'accepter, surtout que tu commences à changer physiquement. Parfois trop, parfois pas assez et parfois pas comme tu le voudrais. Et si le plus important, c'était d'être bien dans sa peau ?

// Comment je fais, moi, avec mon appareil dentaire ?

Le dentiste, c'est déjà l'angoisse, mais alors l'orthodontiste ! C'est ce médecin qui t'apprendra si tu dois ou non porter un appareil dentaire… Quoi, des bagues ?! Pour avoir les dents en prison et le sourire derrière les barreaux ?! Rassure-toi, ça ne durera pas toute la vie, mais seulement deux ou trois ans. Bon, c'est vrai, c'est long, mais après, bye-bye les dents de lapin…

// « Comment je fais, moi, avec mes lunettes ? »

Depuis que tu portes des lunettes, tu vois mieux, mais tu préférerais qu'on les voie un peu moins. Au moins, maintenant, finis les yeux brouillés et les maux de tête. Et puis, des lunettes, il y en a pour tous les goûts : intellos à la Harry Potter, sportives style snowboardeur ou tout simplement discrètes. Mais si vraiment tu trouves que les verres, c'est galère, tu pourras toujours porter des lentilles plus tard.

// Tu ne te trouves pas assez musclé ?

À la piscine ou dans les vestiaires, on se trouve parfois un peu gringalet à côté des tablettes de chocolat de certains copains. Ils ont commencé la musculation au berceau ou quoi ? En fait, ils sont juste un peu en avance dans leur puberté. Patience, un jour ou l'autre, petit biceps deviendra gros… Et là, tu seras le roi du bras de fer ! De toute façon, les montagnes de muscles à la Chris Hemsworth, c'est un peu exagéré, non ? Et puis la force, ça ne se mesure pas nécessairement à la taille des biceps. Regarde les fines jambes de guépard des coureurs de demi-fond, les poids coq de la boxe et le corps de dauphin des surfeurs…

// « Non, non, et non ! Je ne suis pas mignon ! »

C'est humiliant à la fin. Dans la bouche de ta grand-mère, passe encore, mais quand c'est la grande sœur d'un copain, là, c'est vraiment énervant ! Peut-être que tu détestes entendre ça parce que tu as l'impression qu'on essaie de t'enfermer dans ton statut d'enfant ? Les adultes ont même un mot pour ça : « infantiliser », qui signifie traiter quelqu'un comme un bébé. Mais quand tu entendras des filles de ton âge prononcer ce mot à ton sujet, peut-être qu'il résonnera autrement dans tes oreilles…

// Envie d'une nouvelle coupe de cheveux ?

Coupe Mohican, tifs porc-épic ou effet ébouriffé tombé du lit, tes cheveux sont ton nouveau terrain de jeu. Tu leur imposes les pires traitements. Ton instrument de torture préféré ? Le gel ! Mais si tu sors coiffé comme ça, tes parents risquent… de se faire des cheveux blancs.

// Bien dans ma peau !

L'essentiel, c'est d'être content d'être toi ! Formidablement toi ! Et tu as envie de le crier, de faire des loopings, de virevolter… Toi, avec ton énergie, avec ton goût de la vie, que tu as envie de croquer à pleines dents !

CHOISIR SES VETEMENTS ?

Le look, c'est la première chose qu'on voit. Alors on a envie de le soigner. C'est ta griffe, ta patte, ton style... Mais le hic, c'est que tu n'es pas toujours libre de choisir tes vêtements tout seul.

// Selon les occasions

Avoue que ce n'est pas toujours très réjouissant d'être obligé de mettre des chaussures vernies et une chemise d'enfant sage pour les grandes occasions ! Mais les vêtements, c'est aussi un langage. On porte des vêtements sombres lors d'un enterrement pour exprimer sa tristesse, on se fait beau pour un mariage parce que ça n'arrive pas tous les jours. Alors un p'tit effort !

// Qui décide ?

S'habiller, parfois, c'est la corvée ! Le samedi après-midi shopping, très peu pour toi ! En même temps, tu aimerais pouvoir choisir ce que tu te mets sur le dos. Sans compter que ta mère n'est pas toujours une pro de la mode… D'un autre côté, tu es content d'avoir son avis. De toute façon, tes parents ont quand même leur mot à dire. Au moins sur le prix de ce blouson à 150 euros que tu veux absolument ! Alors, pour éviter les prises de tête à la caisse, le mieux c'est encore d'en discuter.

// Baskets ou pas baskets ?

Avant, les chaussures de sport, c'était seulement pour... faire du sport. Aujourd'hui, tout le monde en porte, même ceux qui détestent le sport ! Certaines sont même devenues des vrais articles de luxe. Et puis, tu n'es pas obligé de dormir avec. De temps en temps, tu peux même les laisser tomber comme de vieilles chaussettes pour des chaussures de ville !

// Quand le haut ne va pas avec le bas...

Ce matin, tu étais en retard et tu as filé en cours habillé n'importe comment. Noir et bleu marine ! Marron et noir ! Arrivé à l'école, tu rases les murs... Stop, assume ! Au contraire, prends un air sûr de toi et défie les regards.

C'est comme ça qu'on fait avancer la mode : en associant des vêtements qui normalement ne vont pas du tout ensemble ! Ça devient stylé et c'est gagné !

// Fais attention à tes vêtements !

Tes parents te l'ont répété des milliers de fois, tes vêtements ne sont pas des serpillières ! Pas la peine de les laisser traîner en boule dans la salle de bains, tu peux les mettre dans le bac à linge sale ! Et puis maintenant, c'est différent, tes vêtements, tu y tiens. Un trou dans le maillot de ton équipe préférée, c'est énervant. Si tu choisis tes vêtements, c'est aussi à toi d'en prendre soin. Élémentaire, non ?

MA MODE A MOI

Être ou ne pas être à la mode, « that is THE question » !
Entre les deux, pas toujours facile de se situer…

// Les marques ?

En sixième, on est déjà fou des marques… Seuls 10 % des ados l'admettent, mais c'est l'avis de 60 % de leurs parents. Baskets, mais aussi fringues ou même sac à dos… Difficile de résister à la dictature des logos. Et en plus, la marque, ça coûte cher ! C'est peut-être pour cette raison que la moitié des parents sont favorables au retour de l'uniforme à l'école…

// Qui décide la mode ?

Y aurait-il un grand méchant look qui obligerait les pauvres victimes de la mode à s'habiller à la mode ? Une mode est lancée aussi bien par ceux qui créent les vêtements que par ceux qui les portent. En fait, personne ne « décrète » la mode. Ou plutôt, un peu tout le monde…

// Pourquoi ça change tout le temps ?

Un jour, c'est ringard, le lendemain, c'est classe… Aujourd'hui, c'est le pantalon baggy-caleçon qui dépasse, mais demain ? À force, on s'y perd. La mode, ça s'en va et ça revient. Exemple : les coupes de David Beckham. Cheveux longs, iroquois, rasés, longs de nouveau… Alors, pourquoi ça change tout le temps ? Peut-être parce que, justement, la mode c'est « l'air du temps ». Elle est aussi légère et éphémère qu'une bulle de savon…

// S'habiller comme tout le monde ?

Normal d'avoir envie d'être accepté. Voilà pourquoi, souvent, tu préfères t'habiller comme tes potes. Après tout, vous partagez les mêmes codes et les mêmes signes. S'habiller comme ses potes, à la rigueur, mais à force de ressembler à tout le monde, on finit par ressembler à… personne. Dommage, vu que des comme toi, il n'y en a pas deux !

// Qui met quoi ?

Look sportif : jean, sweat, baskets toute l'année pour ceux qui aiment être confort et pour les accros du sport. Et pour que la panoplie soit complète : le maillot de ton joueur préféré !

Look skateur : cheveux longs, fringues extralarges, sweat à capuche, chaussures délacées. Et pour que la panoplie soit complète : le skate, bien sûr. Nom de code : SK8…

Look « gros dur » : casquette, chaussure tigrée, cheveux ultracourts… Et pour que la panoplie soit complète : survêt légèrement retroussé (sur une seule jambe, SVP).

Look clean : pas de baskets ou alors très discrètes, jean et chemise. Et pour que la panoplie soit complète : une pointe de gel dans les cheveux.

// Suivre la mode

Comme un mouton ? Non merci ! Être le mouton noir parce qu'on n'est pas à la mode, non merci aussi !

S'habiller comme son père ? Pas vraiment ! Quel casse-tête… Pourquoi ne pas ajouter une petite dose de toi par-ci par-là ? Parce que ton look, c'est aussi toi, tes goûts, ta personnalité.

ma FAMILLE et moi

QUI SUIS-JE ?

Les infos sur ta carte d'identité ne suffisent pas à répondre à cette question, alors enquête ! Tes parents viennent-ils d'ailleurs ? Quel était le travail de ton grand-père ? Comprendre qui l'on est, c'est aussi savoir d'où l'on vient.

// C'est quoi, l'adolescence ?

À l'adolescence, on se « cherche ». L'adolescent sort de l'enfance sans être encore adulte. Parce qu'il change de peau, il se sent vulnérable et se demande qui il est. Et si l'adolescence, c'était justement apprendre à être soi-même ?

// À qui je ressemble ?

On te répète tout le temps : « C'est fou ce que tu ressembles à ta mère ! » Ou alors on te dit que tu es le portrait craché d'un arrière-grand-oncle dont tu n'as jamais entendu parler. Et le petit jeu des ressemblances ne s'arrête pas au physique. Évidemment, on ne croit plus que le caractère se transmet par les gènes. Mais même si tu es un être unique, tu as sûrement hérité de quelques traits de tes parents.

///////// Ma famille et moi p. 28 /////////

// Quand est-on adulte ?

La loi dit qu'on est adulte à 18 ans. En attendant, tu dois avoir l'autorisation de tes parents pour faire des choses. Mais être adulte, ce n'est pas seulement une question d'âge… Tes parents te confient de l'argent pour faire une course ? Ils te demandent de garder ta petite sœur ? Ils te font déjà confiance. Bref, ils commencent à te traiter en adulte. Petit à petit, ils te donneront de plus en plus de liberté… Et de plus en plus de responsabilités !

// C'est quoi, une généalogie ?

La généalogie, c'est l'histoire d'une famille. Et les ancêtres, ça compte ! Dans *Le Seigneur des anneaux*, le destin du monde repose sur Aragorn, parce qu'il est le dernier descendant d'un grand roi. Sans être fils de roi, on a tous besoin de savoir d'où l'on vient. Et pour partir à la recherche de ses racines, le mieux est de dessiner un arbre généalogique. Grâce à cette carte au trésor de l'histoire familiale, tu découvriras sans doute des trucs passionnants sur le père de l'oncle de la mère de la tante de ton père…

// Les grands-parents

Les grands-parents sont souvent un refuge quand ta vie de tous les jours te donne le tournis. Et puis, il y a des choses que tu ne confies qu'à ton grand-père, parce que tu sais qu'il ne te jugera pas. Mais les grands-parents, ce n'est pas seulement la douceur et les cadeaux. C'est aussi un lien avec le passé et une porte grande ouverte sur un monde rempli d'histoires.

MON PERE, MA MERE...

Les parents sont un peu comme le ciment de ta vie. Ils t'apportent stabilité et équilibre et, parfois, tu penses qu'ils t'empêchent de bouger ! Tu construis ta personnalité aussi bien en t'inspirant d'eux qu'en t'y opposant.

// Y a pas marqué bébé !

Tu n'as plus besoin qu'on te tienne la main et encore moins qu'on t'appelle « Roudoudou » devant tes copains !

Mais dis-toi que tu grandis sans doute trop vite pour tes parents. Et puis, ils ont conscience de dangers que tu ignores. Ils savent qu'on ne devient pas adulte d'un seul coup. Voilà pourquoi ils ont tendance à te protéger.

Même parfois un peu trop à ton goût !

// Pourquoi faut-il obéir à ses parents ?

… Parce que c'est comme ça ! Les parents sont responsables de leurs enfants jusqu'à ce qu'ils volent de leurs propres ailes. En attendant, s'ils te disent non, c'est parce qu'ils pensent que ce que tu demandes n'est pas utile, ou nécessaire, ou possible. Ils te préparent aussi à la vie adulte où tu n'obtiendras pas toujours ce que tu veux.
Mais écouter ses parents ne signifie pas obéir comme un toutou. Et si tu essayais plutôt de comprendre leurs raisons ?

// Vous n'êtes pas mes vrais parents !

Beaucoup d'enfants ont imaginé un jour que leurs vrais parents étaient de mystérieux étrangers. C'est le fantasme de Superman : il découvre qu'il possède des super-pouvoirs parce que ses vrais parents viennent… d'une autre planète. Rien de plus normal que de s'inventer d'autres vies. Une petite dispute avec les parents, et hop, l'imagination se met à vagabonder. Tes parents ne sont pas parfaits. Tu n'es peut-être pas non plus un fils idéal. Cela ne vous empêche pas de vous aimer très fort.

// Être adopté

Les enfants orphelins peuvent être adoptés par de nouveaux parents. Comme ce moment était attendu depuis très longtemps, l'adoption est un bonheur aussi grand qu'une naissance. Voilà pourquoi les liens entre un enfant adopté et ses parents sont aussi forts que dans n'importe quelle autre famille.

// Père/fils et mère/fils

Ton père est ton modèle, mais c'est aussi avec lui que les conflits sont parfois les plus durs. Quant à ta mère, elle veille sur toi, et pas toujours dans l'ombre ! Tu n'as pas seulement « des parents », mais un père et une mère, avec qui tu as une relation différente. Même si leurs rôles sont moins déterminés qu'à l'époque où le père représentait l'autorité et la mère, les câlins. Maintenant, papa gâteau ou maman fan de foot, les parents font un peu tout à la fois…

// Mon argent de poche

Fini les pièces en chocolat et les billets de Monopoly ! Tes parents commencent à te donner un peu d'argent régulièrement. Pas de quoi racheter un club de foot, bien sûr ! Mais cet argent est précieux parce que c'est le tien. Tu choisis de le dépenser ou de faire des économies. Tu apprends ainsi la responsabilité.

MES FRERES ET MES SOEURS

Ta sœur t'énerve, mais il y a des trucs que tu ne dis qu'à elle ? Ton frère te sort par les yeux, mais il y a des choses que tu ne fais qu'avec lui ? Alors, amis ou ennemis ?

// Être fils unique

Dans les familles nombreuses, les enfants voudraient parfois avoir leurs parents pour eux seuls. Les enfants uniques, eux, rêvent souvent du contraire. Ils s'ennuient un peu sans compagnons de jeu. En plus, ils se sentent trop protégés par leurs parents. Alors un seul mot d'ordre : des amis, des amis et encore des amis !

// L'aîné ou le benjamin ?

Si tu es l'aîné, tu fais tout avant les autres, et ta place est enviée par tes frères et sœurs. Tu es le « petit dernier » ? Les autres ont l'impression que tu es le chouchou et que les parents te « passent tout »… Mais toi, tu te sens traité comme un bébé. Pas facile non plus de se retrouver coincé entre le grand et le petit. Eh oui, entre frères et sœurs, c'est un peu la compét. Mais la famille, ce n'est pas une course de formule 1. Peu importe que tu sois en pôle position ou en dernière ligne sur la grille de départ, l'essentiel est de trouver ta place.

// « Mon petit frère est trop collant »

Tu veux vivre ta vie sans avoir ton petit frère dans les pattes ? Dis-toi qu'il te voit comme un modèle et qu'il a besoin d'être protégé. Plutôt flatteur, non ? Et comme, plus tard, il voudra sans doute s'imposer en s'opposant, profites-en, même s'il est un peu gluant !

// « Mon grand frère a le droit de tout faire »

Tu admires ton grand frère, mais tu as l'impression qu'il fait ce qu'il veut, et ça t'énerve ! Mais c'est normal d'être un peu plus libre quand on est plus âgé. Et de toute façon, il ne fait sans doute pas TOUT ce qu'il veut.

// « Ma grande sœur n'arrête pas de me donner des ordres »

Ta grande sœur se prend pour ta mère ? Tu n'as pas besoin d'une deuxième maman, c'est vrai. Mais si tu passes ton temps à lui dire qu'elle est grosse et que tu viens la réveiller en sautant à pieds joints sur son lit, normal qu'elle ne trouve pas ça aussi drôle que toi !

// Les disputes

Un jour, Caïn tua son frère Abel par jalousie… Connais-tu cette très vieille histoire ? Eh oui, les frères et les sœurs se bagarrent depuis la nuit des temps. Évidemment, quand tu dis que tu as « envie de tuer ton petit frère », ce n'est qu'une image ! Mais dans une famille, les tensions sont aussi naturelles que l'amour. Et puis, mieux vaut une bonne dispute oubliée le lendemain que des rancœurs éternelles.

// Complices pour la vie ?

Les frères ou les sœurs, c'est différent des amis. On ne se sent pas obligé de tout partager avec eux. Mais en même temps, on peut toujours compter sur eux. Même si plus tard tu t'éloignes de ton frère ou de ta sœur, ils seront toujours là quand tu auras besoin de leur présence.

UNE FAMILLE, C'EST POUR LA VIE ?

Dans toutes les familles, il y a des orages qui passent sans laisser de traces. Mais aussi des tempêtes qui emportent tout sur leur passage. Comment faire quand cette famille que tu croyais indestructible vole en éclats ?

// Au secours, mes parents divorcent !

Tes parents divorcent et tu te poses un tas de questions angoissantes auxquelles tu aurais préféré ne jamais penser : « Je ne compte pas assez pour qu'ils restent ensemble ? » « Est-ce que je dois choisir entre eux ? »…

Un seul remède à ce tremblement de terre qui t'ébranle : parler, parler et encore parler !

// Pourquoi les parents se disputent-ils ?

Parce qu'ils ont eu une mauvaise journée, parce que la vaisselle n'est pas faite, parce que la voiture est en panne, parce que ta petite sœur était insupportable aujourd'hui… Parce que c'est la vie, quoi !

// Quand on se dispute, on ne s'aime plus ?

Bien sûr que si ! Ce serait même plutôt le contraire. C'est quand deux personnes ne se parlent plus que les choses vont vraiment mal. Après tout, se disputer, c'est encore se parler. En plus, on profite souvent de ces moments-là pour dire haut et fort ce qu'on n'oserait pas dire autrement.

// Pourquoi les parents se séparent-ils ?

L'amour entre tes parents te semblait aussi évident que leur amour pour toi. Pourtant, les adultes ne s'aiment pas forcément pour toujours. Ton père et ta mère ont peut-être cessé de s'entendre, peut être qu'ils ne veulent plus la même chose... et il vaut mieux se séparer que se disputer tout le temps. En revanche, ça n'a rien à voir avec toi, ce n'est pas de ta faute et tu n'y peux rien.

// « Mon père me manque »

Comme si la séparation ne suffisait pas, tes parents doivent s'organiser pour savoir combien de temps tu passeras avec chacun d'entre eux. Et s'ils n'arrivent pas à s'entendre, c'est le juge qui tranche. Tu ne comprends pas toujours ce qui se passe. Tu sais seulement que tu aimerais voir ton père plus souvent. Dis-toi que tes parents trouveront sans doute une meilleure solution quand la tempête sera passée. Parce qu'une chose les lie pour la vie : toi.

// « Je ne supporte pas le nouvel ami de ma mère »

Tes parents sont séparés et ta mère a rencontré un nouvel amoureux. Quoi ?! Un intrus qui veut prendre la place de ton père ! Et plus il est gentil, plus il t'énerve... Mais ta mère ne peut pas vivre uniquement pour toi. Alors pour éviter de transformer la maison en champ de bataille, essaie au moins de bien t'entendre avec lui.

MA CHAMBRE

Tu ressens de plus en plus le besoin d'avoir une chambre vraiment à toi. Mais comment trouver le bon équilibre entre rester dans sa bulle et vivre en famille ? Petite visite guidée…

// Défense d'entrer !

Tu rugis quand un intrus pénètre sur ton territoire ! Problème : ta mère n'est pas une étrangère et depuis que tu es tout petit elle ne s'est jamais gênée pour faire irruption dans ta chambre. Pas la peine de montrer les dents, il suffit d'expliquer à tes parents que maintenant tu as besoin d'un endroit à toi. Le mot de passe pour être admis à l'intérieur ? Toc, toc…

// Une maison dans la maison

Quand tu étais petit, être envoyé dans ta chambre, c'était la punition suprême. Maintenant, c'est là que tu te réfugies après une dispute avec tes parents. Parfois même en claquant la porte, vlam ! C'est là que tu fais tes devoirs (ou que tu fais semblant) et que tu continues à lire sous la couette

après l'extinction des feux. Bref, c'est l'endroit où tu te sens le plus libre et où tu apprends l'autonomie. Petit à petit, ta chambre devient ta maison…
Même si tu dois quand même rendre une petite visite à la famille de temps en temps !

// Mon intimité, mon désordre…

Ta chambre, c'est ta tanière, ton sas de décompression, les quatre murs qui renferment tous tes secrets, l'oasis où tu peux faire « arrêt sur image » et rêvasser en écoutant de la musique. Elle t'offre la solitude dont tu as parfois besoin. Et surtout, tu n'aimes pas qu'elle soit trop bien rangée. C'est comme ça que tu t'y sens à l'aise.

… et ma poussière !

Sans tes parents, ce serait l'anarchie dans ton royaume ! Tu aimes les fringues cool, mais les ranger, bof… Mais alors, qui range ? Tu ne fais peut-être pas le ménage, mais il y a quand même quelques règles élémentaires à respecter : évite les tee-shirts en boules et la couette sur le plancher.

// Choisir soi-même sa déco ?

Les papiers peints papillons et la couette Spiderman ? Direct à la cave ! D'ailleurs, tu as déjà collé des posters un peu partout. Ta mère râle à cause des trous de punaise, essaie plutôt la pâte adhésive. Pour la couleur des murs, s'ils ne sont pas d'accord pour le total jaune, peut-être qu'ils accepteront UN pan de mur en jaune…

// Partager sa chambre ?

Marre, marre, marre de partager ta chambre ! Impossible de te concentrer quand tu fais tes devoirs. C'est l'enfer à cause de ton petit frère, tu ne peux jamais lire tranquille. Mais tout le monde n'a pas la chance de vivre dans un château de dix-huit pièces. L'intimité est un luxe. Dans certaines familles, les enfants doivent vivre à quatre ou cinq dans la même pièce ! Petit conseil : fais le vide dans ta tête quand tu ne peux pas faire le vide dans la pièce.

MES OBJETS ET MES JEUX

Tu ne possèdes peut-être pas encore des milliards de choses à toi et rien qu'à toi... Mais ces objets et ces jeux, tu y tiens, c'est tout ton univers !

// MP3 ?

Les MP3 sont des fichiers-son qui permettent d'écouter de la musique sur un ordinateur ou sur un lecteur portable. Ils ont déjà démodé les bons vieux CD. Il est possible de les piocher sur Internet, qui est en train de devenir une gigantesque boîte à musique. Mais attention, le téléchargement gratuit n'est pas toujours légal.

// Mon vélo

Le vélo, c'est comme le scooter, en plus pratique et moins dangereux. Tu l'enfourches quand tu as envie de t'évader et de faire un petit tour dans le quartier. Et c'est aussi fun que le skate ! Pas besoin d'être champion du monde de BMX pour réussir quelques figures, avec roue arrière et dérapage… de préférence en soulevant un maximum de poussière.

// Console mania

Tu as déjà la tienne, ou alors tu en veux une. L'appel de l'imaginaire et de l'aventure est irrésistible ! Combat, course, des jeux vidéo, il y en a pour tous les goûts, dans des décors de plus en plus réalistes. On s'y croirait.
Parfois même un peu trop ! À force de manier les manettes de ton joystick, tu risques un peu d'oublier qu'il y a un monde dehors.

// Télévision et ordinateur dans la chambre ?

Envie d'une télé ou d'un ordi dans ta chambre ? Mais le risque serait de ne plus déscotcher les yeux de l'écran. Pas toujours facile de trouver la volonté d'appuyer sur le bouton *off*. C'est peut-être pour ça que tes parents refusent. De toute façon, les séries, c'est plus marrant de les regarder à plusieurs, non ?

// Mes collections de billes, de voitures, d'armes

Parfois on s'attache à des choses qui ne servent à rien, mais dont on a absolument besoin ! Les collectionneurs amassent tout et n'importe quoi, pas seulement les objets précieux. C'est la quantité qui compte. Petites voitures, images de joueurs de foot ou mangas, le plus important, c'est d'avoir TOUTE la collec.

// Pas touche au grigri !

Les Indiens pensaient que certains objets étaient sacrés. Ils les appelaient des fétiches. Même si ta chambre n'est pas remplie de mystérieux totems, tu as certainement toi aussi des objets fétiches. Vieux nounours, photo, voiture ou dent de requin, tu es le seul à savoir pourquoi, mais tu y tiens plus que tout !

// C'est normal d'aimer jouer à la guerre ?

La guerre, c'est le jeu de mecs par excellence ! Les garçons adorent exterminer des armées entières à coups de mitraillette, anéantir des hordes de zombies numériques. Pourquoi ? Peut-être parce que la guerre est une affaire de puissance et de domination. Tout le monde rêve secrètement d'être le maître du monde ! En tout cas, mieux vaut jouer à la guerre que la faire pour de vrai.

MES ANIMAUX

À l'état sauvage, ils ont souvent peur des hommes. Mais apprivoisés, ils sont presque aussi humains que dans les dessins animés ! À tel point qu'on ne peut plus s'en passer. Wallace et Gromit, amis pour la vie...

// Attention, chien dangereux !

Le chien est le meilleur ami de l'homme. Mais même le plus doux des chiens a parfois des réactions imprévisibles, surtout s'il a déjà mordu ou s'il a été dressé pour être agressif. Les chiens d'attaque, comme les pitbulls et les rottweilers, doivent porter une muselière et sont même interdits aux mineurs. Dans tous les cas, tu dois tenir ton chien en laisse et être sûr de le maîtriser s'il commence à montrer les dents.

// Autour de toi

En Inde, les hommes cohabitent avec les singes, les éléphants... et même avec les tigres ! En Australie, des veuves noires ultravenimeuses tissent leurs toiles d'araignée dans les maisons. En comparaison, la vie sauvage est moins spectaculaire ici. Mais avec un peu de chance, tu apercevras un renard en train de fouiller dans tes poubelles ou un faucon planant dans le ciel au-dessus de ta fenêtre.

///////// Ma famille et moi p. 40 /////////

// Dans un enclos

Tigres blancs, dragons de Komodo, singes hurleurs, ces animaux mystérieux vivent à deux pas de chez toi, dans des parcs. Là, ils sont plus heureux que dans les cages étriquées des vieux zoos. Il existe même des endroits où l'on peut se promener à pied au milieu des kangourous, des émeus et des gazelles.

// En images

Impressionnante, la lutte entre hyènes et lions dans la savane africaine. Terrifiantes, les rangées de dents acérées du grand requin blanc qui hante l'océan Pacifique. Émouvante, la vie des orangs-outans menacés par les braconniers dans les forêts d'Indonésie... À la télé, en fiches ou en livres, les animaux sont presque aussi vrais que nature. Et grâce aux images de synthèse, il est même possible de redonner vie aux dinosaures disparus que tu ne connaissais qu'en figurines ou en squelettes.

// Et à la maison !

Tant pis pour les puces et les coups de griffe, tu veux un animal de compagnie ! Boule cherche son Bill désespérément... Mais un animal, il faut s'en occuper et connaître ses besoins. Un berger des Pyrénées est plus heureux dans un jardin qu'en appartement. Et n'oublie pas qu'il faut ramasser les crottes sur les trottoirs ! Alors, prêt à changer la paille de ton hamster et à nettoyer l'aquarium régulièrement ?

// Envie d'un animal bizarre ?

Tu préfères les rats aux chats ou les varans aux cochons d'Inde. Ta mère risque une crise cardiaque si tu adoptes une tarentule... Attention quand même, un animal n'est pas un joujou. On ne ramène pas un bébé crocodile de vacances pour le jeter dans les toilettes quand il ne tient plus dans l'aquarium !

mon ÉCOLE et mes amis

QUEL ELEVE SUIS-JE ?

L'école, tu y passes beaucoup, beaucoup de temps. Même un peu trop à ton goût ! Tu vois les élèves de ta classe parfois plus que tes parents. L'école, c'est un peu ta deuxième maison. Alors, quel élève es-tu ? Sérieux, paresseux, tranquille, pile électrique… ou un peu tout ça à la fois ?

// Quel est le rôle du délégué de classe ?

Le délégué est élu pour défendre les intérêts des élèves et améliorer la vie de la classe. À partir de la sixième, il participe aux conseils de classe et il joue un rôle d'intermédiaire au sein de l'établissement. Et surtout, c'est une sorte d'entraînement à la démocratie… en attendant de pouvoir voter à 18 ans.

// Premier de la classe…

Jamais moins de 18/20, tu en es fier et tu as raison ! Mais ce n'est pas nécessairement une position confortable ! Tu peux agacer certains élèves moins doués que toi, surtout si tu ne manques pas une occasion d'étaler ta science. Un conseil : n'hésite pas à donner un coup de main à un élève en difficulté, tu auras en prime le trophée le plus convoité, celui de l'élève le plus cool…

... ou dernier de la classe ?

En ce moment, tu es abonné au triple zéro ? Mais on n'est jamais cancre pour la vie ! Alors, il ne faut surtout pas croire que tu n'es pas fait pour l'école ou que tu es complètement nul. « Peut mieux faire », c'est valable pour tout le monde. N'hésite pas à demander de l'aide à ton prof, à tes parents ou à un copain…

// Comme un lion en cage ou sage comme une image ?

Alors que ton voisin reste droit comme un I, toi, tu as la bougeotte. Tout ce qui passe dans la classe t'intéresse… sauf ce qui est écrit au tableau. Mais bon, avec un peu de volonté, tu devrais réussir à tenir en place. La preuve, tu y parviens quand tu regardes un film !

// Je participe tout le temps ou je me fais tout petit ?

La plupart des profs essaient de faire participer leurs élèves… et la plupart des élèves essaient de participer le moins possible ! Toi aussi, tu joues à cache-cache derrière ta trousse en priant pour qu'on t'oublie ? À moins que tu ne passes ton temps le doigt en l'air ? Mais si tu interviens à tort et à travers, c'est le prof qui te dira de te faire un peu oublier !

MES MATIERES PREFEREES

Pas le choix ! Pour l'instant, tu étudies toutes les matières. Plus tard, tu t'orienteras vers le français, l'anglais, les maths ou la géographie. Mais tu as peut-être déjà une préférence et du talent pour certaines matières ?

// Le goût des maths

Tu aimes le monde pur, logique et précis des mathématiques. Tu adores résoudre les problèmes, additionner, soustraire, diviser, multiplier.
Tu pratiques la gymnastique du cerveau et les défis de l'esprit : plus c'est difficile, plus c'est excitant et plus tu es content de trouver la solution. D'ailleurs, matheux rime souvent avec amateur de jeux (d'échecs en particulier).

// J'adore l'histoire

Tu te passionnes pour l'histoire ? Peut-être justement parce que tu aimes les histoires : histoires de conquête, comme celle d'Hannibal et de ses éléphants, ou drôles d'histoires, comme ces Gaulois qui combattaient tout nus pour effrayer leurs ennemis. En plus, le passé est souvent une clé pour comprendre le présent. Et même le futur ! La science-fiction s'inspire souvent de l'histoire pour inventer l'avenir. Les chevaliers Jedi doivent beaucoup aux samouraïs. Même Dracula a eu pour modèle un prince en chair et en os, qui régnait sur la Transylvanie il y a cinq cent cinquante ans.

// J'aime le français !

Pourquoi les filles seraient-elles meilleures en français ? Des garçons qui aiment lire et écrire, ça existe aussi ! Pour aimer le français, il suffit d'aimer jouer avec les mots… Les mots mystérieux ou drôles, les temps qui n'existent que dans les livres, les conjugaisons compliquées qui ne s'emploient qu'à l'écrit. Et puis la maîtrise du français est indispensable pour bien des métiers. Par exemple, pour devenir journaliste, avocat… ou écrivain !

// Admirer un prof…

Il y a des profs qu'on aime écouter. On a même hâte que leurs cours commencent ! Tu as peut-être un maître passionné par la matière qu'il enseigne. Il va tout faire pour que tu l'aimes aussi et que tu deviennes meilleur. Il est exigeant avec toi et tu es super fier quand il te félicite. Quelle chance ! Ouvre bien tes oreilles et régale-toi ! C'est un professeur dont tu te souviendras toute ta vie !

… ou le détester

Les élèves ont toujours trouvé des surnoms pas toujours très sympas pour leurs profs. Bon, pas la peine de l'écrire en énorme au tableau, mais tant que ça reste des blagues entre copains, c'est souvent un moyen de relâcher la pression des cours. En revanche, méfie-toi de certaines rumeurs. Un copain te dit : « Tu as Mme Machin, quelle poisse, elle est trop sévère ! » Attends de te faire ta propre opinion : elle est peut-être sévère, mais son cours est très intéressant !

LES NOTES ET LES DEVOIRS

Les notes et les devoirs... un cauchemar pour les élèves ? Une source de stress, certainement ! Pourtant, notes et devoirs servent avant tout à vérifier que tu as bien compris les leçons.

// Les antisèches

Tu es fier d'avoir réussi à tricher sans te faire prendre ? Mais au fond de toi, tu sais que cette note, tu ne l'as pas méritée. Ce n'est pas non plus très juste pour les élèves qui ont vraiment travaillé. Alors, autant éviter les sueurs froides et la honte quand tu te feras attraper. Et puis ça prend souvent plus de temps de préparer des antisèches que d'apprendre des leçons !

// À quoi servent les notes ?

D'abord à mesurer si les connaissances sont acquises. Et puis imagine un instant une école sans notes : ce serait certes plus cool, comme si on était en vacances toute l'année, mais il faudrait être drôlement motivé pour travailler ! Bien sûr, les notes ne jugent pas toujours ton travail : tu peux travailler et avoir de mauvaises notes.
Elles t'indiquent alors que tu n'as pas bien compris une leçon.

// À quoi servent les devoirs ?

Pas seulement à avoir de bonnes notes. Après avoir assisté aux cours, il faut encore les comprendre, les apprendre et les retenir. Le plus difficile, c'est toujours de se mettre aux devoirs ! En rentrant de l'école, accorde-toi une pause pour goûter et jouer. Ensuite, fixe-toi un temps de travail, en commençant peut-être par tes matières préférées.

// Les annotations des profs

Ah ! ces gribouillis rouges que tu arrives à peine à lire ! Et les remarques sur le bulletin scolaire qui ne font pas toujours plaisir… encore moins aux parents ! En fait, les annotations de ton maître sont aussi importantes que les notes. 11/20, « en progrès », ce n'est pas du tout la même chose que 11/20, « manque de travail ». Si ton prof insiste pour que tu lises ses annotations, c'est parce qu'il sait qu'il n'y a qu'en comprenant tes difficultés que tu progresseras.

// Pourquoi est-ce que je panique à l'oral ?

Tu bredouilles en parlant d'une toute petite voix dès que tu dois faire un exposé ? Tous ces yeux fixés sur toi… Tu rougis debout au tableau ! Diagnostic : tu as le trac. Tous les acteurs connaissent ça. Normal de ne pas être très à l'aise à l'idée de parler devant toute la classe. Mais tu n'es pas le seul ! Choisis de regarder un bon copain comme si tu parlais rien que pour lui, c'est un peu moins intimidant que toute une classe. Ensuite, sois courageux, lance-toi !

// Aïe, une mauvaise note !

4/20 au dernier contrôle. Tu es effondré ! Pourtant, ce n'est pas la fin du monde ! Soit c'est exceptionnel et ce n'est pas grave, ça arrive à tout le monde. Soit tu es abonné aux mauvaises notes et c'est le signe que tu as un problème avec une matière ou dans ta façon de travailler. Pas la peine de le cacher à tes parents ! Ils sont là pour t'aider quand tu as des difficultés.

// Pourquoi est-ce que je stresse avant les contrôles ?

Tu as bien révisé, mais tu as peur de tout oublier au moment de vérité ? Et c'est justement parce que tu as peur que tu risques de tout oublier ! Après tout, ce petit nœud dans le ventre permet aussi de se motiver et de rester concentré.

DES TRUCS POUR APPRENDRE SES LEÇONS

À un moment, les cours, il faut que ça rentre dans la tête. Et pour ça, il faut apprendre à apprendre ! Quelques trucs de bon sens pour y parvenir...

// Relire la leçon avant de s'endormir

Plutôt que compter les moutons, tu peux relire une dernière fois la leçon avant de dormir, pour fixer les choses en attendant que le sommeil fasse le reste. Mais attention quand même aux insomnies ! Il faut aussi être capable de faire le vide la veille du contrôle de maths pour éviter les mauvais rêves pleins de triangles rectangles...

// Réviser tout seul...

Tu peux répéter tes cours à voix haute ou en chuchotant. Tu peux souligner en fluo, faire des fiches, réciter la leçon à tes parents ou même à ton petit frère. Chacun sa méthode, pourvu que ça marche. Tu peux même punaiser des conjugaisons ou des tables de multiplication à côté de ton poster préféré !

... ou à deux...

Travailler avec un copain, c'est plus marrant et surtout plus stimulant. Vous pouvez vous faire réciter chacun à votre tour

ou jouer le rôle du prof l'un après l'autre. L'intérêt, c'est que l'erreur de l'un oblige l'autre à expliquer.
Et c'est aussi en travaillant à deux qu'on comprend qu'on avait mal compris.

... ou avec les parents

Tu as peut-être la chance d'avoir des parents prêts à jouer les profs particuliers. Peut-être qu'ils ne te laissent pas le choix, d'ailleurs ! Mais ton père a beau être bon en maths, il n'est pas forcément doué pour expliquer les choses. Et puis, peut-être que la patience n'est pas son fort. Souvent, le mieux est qu'ils t'interrogent sur une leçon que tu as déjà révisée tout seul. Tu peux aussi leur demander de faire les élèves et leur expliquer le cours.
C'est une bonne façon de se rendre compte de ce qu'on a compris ou pas.

// Quelle mémoire as-tu ?

Tu es plutôt du genre « ça rentre par une oreille et ça ressort par l'autre » ou « mémoire d'éléphant » ? Certains retiennent tout du premier coup alors que, pour d'autres, c'est plus difficile. Si tu as besoin de voir pour retenir, tu as une mémoire visuelle : souligne les mots et les passages importants. Si tu as besoin d'entendre pour apprendre, ta mémoire est plus auditive : tu peux réciter à haute voix ou même t'enregistrer. Dans tous les cas, tu peux inventer des petits trucs pour t'aider. On appelle ça des moyens mnémotechniques.

// Le par cœur !

Lire une leçon en la survolant n'est pas toujours suffisant pour la retenir. Enfin, il y a des choses que tu es obligé d'apprendre par cœur : les conjugaisons, les poésies, les tables de multiplication... Mais moins qu'avant : tes grands-parents ont dû apprendre par cœur TOUS les départements français ! Il vaut quand même mieux s'intéresser à ce qu'on apprend. Car quand on apprend en comprenant, on s'en souvient toute sa vie.

MA BANDE DE COPAINS

Tes copains deviennent de plus en plus importants pour toi.
Vous faites tout ensemble : sport, musique, jeux vidéo…
À l'abri dans ta bande, tu te sens plus à l'aise face au monde extérieur.
Et en te comparant aux autres, tu apprends aussi à te connaître.

// Je n'ai pas de bande

Toi, tu n'as besoin de personne ! Peut-être que tu te sens différent et que tu n'as pas envie d'être un mouton qui fait tout comme tout le monde. À moins que tu ne sois juste qu'un grand timide qui n'ose pas se l'avouer… La solitude te pèse ? Ne reste pas sur la défensive, fais un petit effort pour t'intéresser aux autres, et tu auras fait un grand pas pour trouver des amis.

// Ma bande

Pas toujours facile d'entrer dans une bande de copains. Souvent ils ont leur langage, leurs blagues à eux et ils n'aiment pas forcément les « intrus ». Mais il ne faut pas confondre bande et gang. Les bizutages et les épreuves d'initiation, pas question ! Le meilleur moyen d'en être, c'est encore de laisser faire les choses.
L'amitié, ça ne se commande pas… Tu trouveras forcément des amis avec qui tu as plein de choses en commun. Et sans même t'en rendre compte, tu auras trouvé ta bande !

////////// Mon école et mes amis p. 52 //////////

// Peur d'être rejeté ?

Tes copains te poussent à faire des choses que tu ne veux pas faire ? Et si tu refuses, ils t'accusent d'être « un gros nul » et menacent de te laisser tomber ? Les lois de cette bande sont certainement trop injustes. Tu n'as pas à t'y soumettre. Explique à tes copains qu'amitié rime avec respect. Sinon, tant pis... Tu peux vivre sans eux et te faire de nouveaux copains.

// T'es cap ou t'es pas cap !

Entre garçons, c'est la compétition permanente. À la console, à la course ou à la nage, tu as envie d'être le meilleur. Et évidemment, quand tes copains te mettent au défi de pousser un énorme cri en cours ou de sonner à la porte d'une maison, ça te démange ! Tu as envie de leur prouver que c'est toi le plus fort et le plus courageux ? En refusant les défis idiots ou dangereux, tu leur prouveras que c'est toi le plus intelligent !

// Se battre pour de faux

Chez les loups ou les lions, le jeu est un moyen de resserrer les liens au sein du groupe. Chez les hommes, c'est un peu la même chose. Jouer à la bagarre avec ses copains, mimer un coup de pied retourné ou une clé de bras, c'est une manière d'exprimer son affection. Au lieu de se faire des bisous, les garçons se battent pour de faux ! Mais pour de faux, hein...

// C'est moi qui commande !

Dans une bande, c'est souvent le plus sûr de lui qui commande... Sauf que les autres risquent de ne pas le supporter très longtemps. Personne n'a envie de recevoir des ordres à longueur de journée ! Alors certains vont essayer d'imposer leur autorité par la violence. Mais à force de jouer les boss et de distribuer des bosses, ils se retrouveront vite tout seuls. Entre amis, pas de hiérarchie ! C'est tous pour un, un pour tous !

MON MEILLEUR AMI

Tu as un meilleur ami. Peut-être même plusieurs. Ou peut-être que tu n'en as pas encore et que tu aimerais avoir le tien. En tout cas, même si l'amitié, ça ne s'explique pas, ça s'écrit avec un grand A...

// Le traître !

Ton meilleur ami fait « ami ami » avec ton pire ennemi ? Tu l'accuses de t'avoir fait un « faux plan » ? Et le pire, c'est qu'il n'a même pas l'air de s'en rendre compte... En amitié, on peut facilement se sentir trahi, y compris pour des petites choses. Et là, ça passe ou ça casse : parfois on oublie, mais d'autres fois, c'est trop dur à avaler ! Le mieux, c'est encore d'en parler et, surtout, de savoir pardonner de temps en temps.

// Mon semblable, mon frère

L'amitié, c'est une histoire d'affinités, de ressemblances, de points communs. Qui se ressemble s'assemble, comme on dit... Les amis se mettent souvent à parler de la même manière, à penser les mêmes choses, à aimer les mêmes films et les mêmes jeux. Au point qu'on ne sait plus qui est qui ! Mais attention quand même : s'influencer, d'accord, s'imiter, bof... Car les amis s'enrichissent aussi de leurs différences. Et c'est peut-être ça, le miracle de l'amitié : découvrir qu'on est pareils alors qu'on est si différents.

// Amis pour la vie ?

Tu as signé un pacte à la vie à la mort avec ton meilleur ami. Vous partagez toutes vos nouvelles expériences. Mais même si vous changez ensemble, vous ne changez pas forcément de la même manière, ni au même rythme. Voilà pourquoi, parfois, on se sent moins proche de ses anciens amis, voire plus du tout.

// Tout se dire ?

Avec ton meilleur ami, tu peux parler des embrouilles à l'école et des conflits avec les parents. Tu peux lui confier tes peurs, tes secrets et toutes ces choses dont tu ne veux pas parler à ta famille. Vous avez le même âge et les mêmes problèmes. Vous vous posez les mêmes questions. C'est justement pour ça que vous vous comprenez si bien. Mais même si vous êtes comme les deux doigts de la main, vous n'êtes pas obligés de tout vous dire. Il y a des choses, graves ou pas graves, qu'on a envie de garder pour soi.

// Raconter et faire n'importe quoi

Vous osez faire des choses que vous ne feriez pas tout seul. Vous faites les quatre cents coups, comme Harry Potter et Ron Weasley. Et c'est génial de s'embarquer à deux dans une vie imaginaire ! Votre délire préféré ? Être des pirates des mers du Sud ou alors des buteurs décisifs à deux secondes de la fin en finale de la Coupe du monde, après un une-deux imparable…

INVITER LES COPAINS

Comme si tu ne voyais pas assez tes copains à l'école, en plus, tu as envie de les avoir chez toi ! Tu les invites le week-end ou le mercredi après-midi, pour dormir ou fêter ton anniversaire. Bienvenue à la maison !

// Inviter un copain à la maison...

Youhouuu ! Ton meilleur ami peut rester dormir à la maison. Tes parents sont d'accord. Et comme tout est chamboulé, du coup, c'est un peu la fête à la maison, ils sont plus cool que d'habitude. Le temps de monter le camp dans ta chambre en préparant un matelas – histoire de rajouter une petite couche de désordre ! – et tu vas pouvoir lui montrer tes trésors : ta collection de BD, des jeux « mortels », des objets auxquels tu tiens et... l'intégralité de ton disque dur. Tout ça en pyjama... Ça change de l'école !

... ou aller dormir chez lui ?

Cette fois, c'est toi qui vas dormir chez un copain. C'est parti pour les batailles de polochons ! Ensuite, vous continuez à papoter discrètement. Vous dépassez largement l'heure du couvre-feu, quitte à vous réveiller le lendemain avec des valises sous les yeux. Plutôt dépaysant de voir comment ça fonctionne chez les autres, non ? Tu découvres une autre vie de famille, un autre univers. C'est peut-être aussi pour ça que les plus sensibles s'endorment avec un petit point sur le cœur. Bizarre de fermer les yeux dans une maison inconnue... Voilà pourquoi certains n'aiment pas trop dormir chez les copains. Mais dans tous les cas, le lendemain, on est plutôt content de se retrouver chez soi !

// Fêter son anniversaire

Aujourd'hui, c'est ton anniversaire. C'est TON jour, le plus important sur trois cent soixante-cinq... Tu l'as peut-être déjà fêté en famille, mais tu veux remettre ça avec tes copains. Le menu de l'après-midi ? Goûter, gâteau, bougies, crêpes, bonbons, roulés-Nutella, avant de passer au moment clé : le déballage des cadeaux ! Déguisés ou non, avec ou sans confettis, le plus important, c'est d'avoir tous tes amis autour de toi au moment de souffler tes huit bougies.

Euh... neuf bougies ? dix ? onze ? douze ?... En tout cas, *happy birthday to you* !

// Première fête

Grande première ! Tu es invité à une vraie fête. Tu vas pouvoir danser comme un fou sur une compil Best of Dance et les derniers hits rap, raï, rock et RnB. Tu vas peut-être prendre ton courage à deux mains et inviter une fille à danser... ou faire mourir de rire tous tes potes en faisant le kéké sur la piste. À moins que tu préfères discuter dans un coin ou jouer au DJ improvisé. Et pour les plus timides, c'est souvent dans les fêtes qu'on apprend à aller vers les autres et à vaincre sa timidité.

mes LOISIRS et mes vacances

VIVE LE SPORT !

Ton truc, c'est la vitesse, la force, l'adresse ou l'endurance ? Car des sports, il y en a pour tous les talents. On peut jouer sur toutes les surfaces (hockey sur gazon ou sur glace, water-polo), seul ou à plusieurs (rugby à sept, à treize ou à quinze). Alors, ton choix est fait ?

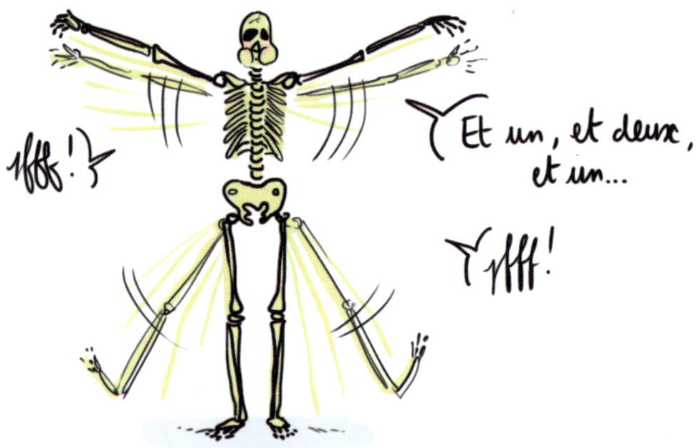

// Je n'aime pas le sport

Courir dans tous les sens en jouant à la « baballe » ? Très peu pour toi ! Tu aimes encore moins le sport à la télé et les hurlements des supporters… Problème : tu te sens exclu dans un monde qui ne jure que par le sport. Mais tu n'es pas obligé d'aimer le sport sous prétexte que tu es un mec !

// Pourquoi c'est bien de faire du sport ?

Pour se défouler ! Et puis ton corps a besoin de sport, surtout si tu aimes un peu trop le chocolat. Mais le sport est aussi un art. Le football américain est une véritable partie d'échecs, avec des stratégies préparées des semaines à l'avance. Même la boxe ne se résume pas au physique. Les ingrédients qui donnent au sport tout son goût ? Une bonne suée pour la santé, une pincée d'esprit guerrier par goût du défi et du fair-play pour le respect…

// Quel sport choisir ?

Facile de faire du foot ou de la natation. Mais jouer au tennis, par exemple, est déjà un peu moins pratique. Il faut louer un court et tu rêves d'une raquette de champion. Les choses se compliquent encore plus si tu es fan de baseball ou de cricket... L'avantage ? Ces sports sont si peu pratiqués ici que tu seras vite sélectionné en équipe nationale !

// Sports extrêmes

Les sports extrêmes, c'est fun ! Garantis 100 % sensations fortes... Tu aimes le goût du danger ? Sans aller jusqu'à sauter en parachute, tu trouveras facilement ton bonheur. Glisse, skate, rafting, karting ou escalade...

Tous ces sports donnent une sensation de liberté. Mais pour jouer à se faire peur, il faut impérativement suivre les consignes de sécurité.

// Sur le ring

Il existe des centaines d'arts martiaux. Mais, attention, leur but n'est pas la violence ! L'aïkido, par exemple, est uniquement défensif. Les sports de combat comme la boxe (française, anglaise, thaï) sont plus dangereux.

Protections obligatoires ! Et même s'il est rassurant de savoir se défendre, leur objectif est avant tout d'apprendre le contrôle de soi et de son environnement.

// Faire de la compét

Le basket ou le ping-pong à la maison, c'est bien... mais tu aimerais passer aux choses sérieuses ! En plus, pour les sports comme le hand ou l'escrime, il faut un gymnase. Le sport en club, c'est l'occasion de progresser en faisant connaissance avec le haut niveau. Mais la compétition demande beaucoup d'efforts et de discipline.

LE FOOT, LE FOOT ET LE FOOT

La Coupe du monde de foot est le plus grand événement sportif de la planète. Toi aussi, tu rêves d'égaler Ribéry et Benzema. En tout cas, tu as déjà le dribble et le petit pont dans la peau...

// Les vestiaires

C'est dans les vestiaires qu'on se motive avant le match, qu'on discute à la mi-temps quand on est menés au score. C'est dans les vestiaires qu'on fait la fête quand on a gagné ou qu'on se console quand on a perdu...

Bref, c'est dans les vestiaires qu'on apprend à former une vraie équipe.

// Où jouer ?

Pour jouer au foot, il suffit de trouver un terrain.... Et c'est parti pour les passes de jambes, les roulettes et les centres en retrait ! Tu peux même faire un « deux contre deux » sous les bancs... ou travailler ton record de jongles à la maison. Mais pas sûr que tes parents soient d'accord pour que tu éteignes la lumière en tirant des coups francs sur les interrupteurs. Tu as envie de mouiller le maillot pour de bon ? Trouve un club, une équipe, et enfile les crampons !

// Quel poste pendant le match ?

Quand tu joues entre copains, il n'y a pas de latéraux, de libéros ou de milieux défensifs… C'est « droit au but » pour tous les joueurs ! Mais en club, l'équipe doit être organisée pour gagner le match. Le hic, c'est que tout le monde veut jouer avant-centre ! Pourtant, tous les postes comptent autant les uns que les autres. Les défenseurs et le gardien sauvent l'équipe quand il y a le feu. Les milieux récupèrent le ballon et organisent le jeu.

Quant aux attaquants, ils ramènent les actions au fond… Mais ce sont rarement eux qui touchent le plus de ballons.

// Il n'y a pas que le foot dans la vie !

Aujourd'hui, le foot est partout. Ses stars sont tellement médiatisées que tout le monde rêve d'être le nouveau Zidane. Mais tu as le temps avant de penser à intégrer un sport-études. À force de ne penser qu'au foot, tu risques de saturer ! Et puis quand on aime le sport, souvent, on aime TOUS les sports… Alors, autant en essayer d'autres. Pourquoi pas le rugby par exemple ? De temps en temps, tu peux passer du ballon rond au ballon ovale et aplatir la balle derrière l'en-but au lieu de la mettre dans les filets.

// On va les manger !

Pour faire de la compét, il faut avoir l'esprit de compét… Normal de se motiver à coups de « on est les plus forts, on va gagner ! » Mais n'oublie pas que le sport est un jeu, pas une guerre. Les mauvais gestes et les insultes envers l'arbitre, pas question !

JE SUIS UN ARTISTE !

Depuis l'époque où ils peignaient les murs de leurs grottes, les hommes ont toujours eu besoin d'exprimer leurs sentiments à travers l'art. Tout le monde peut faire de l'art. Il suffit d'un peu de technique et de beaucoup d'envie...

// Guitare électrique ou violoncelle ?

Tu aimes écouter de la musique. Et à force, ça commence à te démanger, toi aussi, tu voudrais grattouiller, tambouriner, pianoter... D'ailleurs, tu te vois déjà monter un groupe avec des copains ! Mais comment choisir un instrument ? Pas seulement en fonction de la musique que tu écoutes. Tu peux aimer le rock... et prendre du plaisir à jouer du violoncelle. En fait, jouer d'un instrument, c'est presque comme faire du sport. Il n'y a qu'à voir tous ces musiciens qui finissent leur concert en nage ! Tout dépend donc de la manière dont tu as envie de bouger et de ce que tu veux exprimer. Tu peux sauter dans tous les sens et laisser exploser tes émotions avec une guitare électrique ou jouer du violoncelle dans une posture plus recueillie...

// Et le solfège ?

On peut apprendre à jouer d'un instrument tout seul dans sa chambre, avec quelques partitions et des conseils.

Mais les plus sérieux et les plus bosseurs suivent les cours du conservatoire ou d'un professeur, avec solfège. Problème : tu trouves toutes ces portées, avec dièses à la clé et triples croches, aussi compliquées que des hiéroglyphes égyptiens ! Et tu n'as pas tout à fait tort : la musique est un peu comme une langue étrangère. Il faut donc l'apprendre pour être capable de lire une partition aussi facilement qu'on lit un journal. Ça vaut le coup, non ?

// Dessiner

Tu as un don pour le dessin ? Tu as toujours l'œil en position appareil photo, prêt à flasher le monde autour de toi. Tu griffonnes non-stop, y compris en cours, et tu aimes croquer tes copains de classe et tes profs dans un coin de cahier. Mais si tu veux peaufiner ta technique, tu peux suivre des cours et apprendre l'aquarelle, le fusain et la peinture à l'huile.

// Pour progresser en dessin

- Ne range jamais tes yeux dans ta poche.
- Garde toujours avec toi un carnet à croquis et un crayon.
- Commence par les natures mortes (les objets) avant de dessiner du vivant.
- En cours, si le professeur critique un dessin dont tu étais fier, ne te vexe pas. Ses remarques t'aideront à progresser !
- Regarde les œuvres des grands artistes. Tu peux t'en inspirer : en dessin, l'excellence commence par l'art… de la copie !

LA LECTURE OU LES ECRANS ?

Avec tout ce que tu as sous la main, télé, Web, PC, BD, DVD, il y a presque trop de choix ! Tu es câblé de partout ! Impossible de s'ennuyer quand l'école est terminée...

// Signe particulier : télévorace...

Entre 9 et 11 ans, on passe en moyenne treize heures par semaine devant la télé. Pas toujours facile de décoller du canapé avec tous ces films, ces séries, ces émissions, ces matchs de foot… Et toi, es-tu plutôt genre programmes triés sur le volet ou zappeur fou ? En tout cas, la télé est à consommer avec modération pour éviter la saturation. Voire l'indigestion. Trop de télé, « ça gave » !

// Lire ou ne pas lire ?

Tu aimes bien lire une BD de temps en temps, mais les romans, un peu moins… La lecture demande calme et concentration, et souvent tu préfères « mollusquer » devant un écran plutôt qu'ouvrir un livre. Pourtant, rien ne peut remplacer le plaisir d'entrer page par page dans un monde imaginaire. D'ailleurs, as-tu remarqué que ceux qui ont lu *Le Seigneur des anneaux* ou la saga *Harry Potter* avant de les voir au cinéma ont préféré le livre au film ? Bizarre, non ? Sans doute parce que lire un livre, c'est créer son propre univers.

// Internet...

Le grand avantage d'Internet, c'est que c'est TOI qui choisis. On est beaucoup plus actif devant un écran d'ordinateur que devant un écran de télévision. Tu as un exposé à faire sur un sujet ? Le Web est une mine d'informations. L'important est de savoir faire le tri.

... et ses dangers

Sur Internet, on trouve tout et n'importe quoi. Tu peux découvrir des blogs de copains vraiment cool ou des vidéos à mourir de rire... Mais tu peux aussi tomber sur des sites qui défendent des idées extrêmes ou qui proposent des images très choquantes. Enfin, sur certains forums, tu peux « croiser » des adultes qui mentent sur leur âge et qui ont de mauvaises intentions. Tu ne dois pas accepter de rencontrer quelqu'un que tu ne connais pas ou même de faire sa connaissance par ordinateur. Et si tes parents ont installé un système de contrôle sur l'ordinateur ou veulent surveiller ce que tu regardes sur le Net, c'est pour te protéger.

// Comment trier les sites ?

- Sur un moteur de recherche, tape les mots clés les plus précis possible.
- Le moteur propose une liste de sites par ordre de pertinence : les premiers sont les plus sérieux.
- Les blogs et « pages perso » sont moins fiables que les sites officiels écrits par des spécialistes.
- Quand tu as trouvé un site qui t'aide à réaliser un exposé solide, retiens son nom pour l'avenir, mais ne recopie pas tout, sinon gare aux punitions !

VIVE LES VACANCES !

Sel marin ou mer de sapins, soleil qui tape sur les plages et qui aveugle sur les pentes, drapeau vert et pistes rouges... Vacances à l'horizon !

// Et si on allait à la piscine ?

Pas loin de chez toi, il y a forcément une piscine municipale pour aller barboter. Et l'été, ce n'est pas du tout la même ambiance que le reste de l'année. Là, pas de longueurs obligatoires ou de battements de pieds au son du sifflet du maître nageur, mais plutôt concours de plongée entre potes ! Un avant-goût d'océan à deux pas de ta maison...

// À la mer ou à la montagne ?

Depuis quand les vacances sont-elles faites pour se reposer ? Pas question ! C'est le moment de tester plein d'activités et d'en profiter à 200 % ! Des vacances côté mer ? Hors de question de rester planter sur ta serviette à faire de la bronzette. Surf, planche, plongée ou jeux de plage. Pareil côté grands sommets. Ski, snowboard, luge tout-terrain, escalade, et l'été, randos, spéléo, torrents, rafting... Mer ou montagne, c'est le grand air dans tous les cas avec pour seule consigne : se dépenser !

// « J'sais pas quoi faire ! Qu'est-ce que je peux faire ? »

Tout le monde ne part pas pendant les vacances et parfois le temps passe lentement quand on n'a rien à faire de précis. Pourtant, ces moments sont précieux, justement parce que tu n'as pas d'obligations. Des moments comme ça, tu n'en as pas beaucoup dans ton emploi du temps… S'ennuyer permet de rêver, de créer… bref, de faire des choses que tu n'aurais jamais imaginé faire pendant le marathon de l'année scolaire.

// Et si on campait ?

Le camping, c'est la liberté ! C'est les vacances façon bernard-l'ermite, ce crabe qui habite dans des coquillages et porte sa maison sur son dos. Bon, en matière de confort, ça ne vaut pas un bon lit. Mais quelle aventure de dormir si près du ciel, presque à la belle étoile ! Et on peut faire un essai dans le jardin de grand-mère. Au menu : grelottements dans sac de couchage, luttes sanglantes avec moustiques et… chair de poule au moindre bruit dehors !

// Les devoirs de vacances

En vacances, on aime traîner… au lit, à table ou à la plage. Mais parfois, même en août, il faut bosser. Surtout si tu as des petites difficultés en maths ou en orthographe. Dur, dur, alors que le soleil brille dehors… Au lieu d'un passeport pour la classe supérieure, tu préférerais un passeport pour la liberté ! Mais dis-toi qu'une petite demi-heure de révision avant d'aller se baigner… ce n'est pas la mer à boire. Une petite goutte de travail dans l'océan des grandes vacances !

MES VACANCES EN FAMILLE

Les vacances en famille, c'est parfois l'occasion de découvrir de nouveaux décors, mais c'est surtout celle de retrouver ses grands-parents, ses cousins-cousines, ses oncles et tantes, dans des lieux familiers...

// Chez les grands-parents

En vacances, tu peux retrouver la maison de tes grands-parents ! C'est un peu ta maison aussi... Tu as peut-être ta chambre, tes vieilles BD, tes vieux habits. Et là, tu adores te faire dorloter (alors que tu détestes ça avec tes parents !). Il se pourrait bien qu'ils t'aient concocté un emploi du temps marathon avec au programme : musées, parc d'attractions, crêperie, cinéma... Il faut dire que les grands-parents d'aujourd'hui ont la pêche !

// Avec tes parents

En vacances, tu profites autrement de tes parents. Ils sont plus détendus et moins à cheval sur les règles. Tu as des parents qui n'ont rien d'autre à faire que savourer leurs journées de liberté. C'est le moment de faire des choses que vous n'avez pas l'habitude de faire le reste de l'année : de longues balades, des super repas, des discussions pendant des heures...

// Les cousins, si proches et si lointains

Ah, les retrouvailles avec les cousins-cousines ! Même si on ne s'est pas vus depuis des mois, on sait qu'on ne va plus se quitter pendant des jours. Et dès que vous vous retrouvez, c'est parti : ping-pong, construction de cabane, nuit passée à chuchoter… Et si tu as des cousins plus âgés, ils ont plein de choses à t'apprendre. Cool de passer du temps avec des « grands » ! Et même si vous vous voyez rarement, il y a toujours les mails, les petits coups de fil et les bonnes vieilles lettres pour rester complices…

// Trucs pour construire une cabane

- Le toit, d'abord… Façon écolo : fougères séchées, branchages, planchettes. Façon « pro » : une petite bâche en plastique (avantage : être à l'abri en cas de pluie). Façon « de bric et de broc » : un carton ondulé.
- Pour que l'édifice tienne, tu peux la construire entre deux arbres ou dans un bosquet pour ceux qui aiment le secret. Et si rien ne tient… autant demander un p'tit coup de main à un adulte bricoleur.
- Tu peux ajouter quelques objets à l'intérieur pour te sentir comme à la maison. Coussins, table-boîte en carton, vieille souche pour faire un fauteuil, couvertures.
- Deux, trois règles de sécurité : si tu te sers de planches ou d'autres matériaux, vérifie toujours que tu as bien retiré les clous. Attention à ne pas construire ta cabane à côté d'un pieu, de pierres coupantes… ou d'un nid de frelons ! Et surtout, jamais de feu !

// Construire une cabane

Tu as transformé les arbres à côté de la maison de tes parents en forêt de Sherwood. Avec quelques bouts de bois, tu as fabriqué une cabane, un château dans le ciel dont tu es le baron perché. Tu joues les Mowgli de la campagne, avec un Baloo chien de berger qui te suit partout… Et on n'entre pas comme ça sur ton territoire. Mot de passe obligatoire !

EN COLONIE ?

Premières vacances sans tes parents ! Le jour du départ, tu risques de te sentir un peu bizarre au moment de leur dire au revoir devant l'autocar ou sur le quai de la gare... Mais le plus important, c'est de se sentir bien à la fin du voyage !

// Je ne veux pas y aller !

Partir en colo, ça doit être une envie, pas une obligation. Il faut être prêt dans sa tête à se séparer de sa famille.

Les plus timides ou ceux qui n'ont pas l'habitude de passer du temps sans leurs parents peuvent avoir du mal à s'intégrer dans un groupe. Ils ont peur d'être rejetés, ou, pire encore, d'être pris comme tête de Turc. En même temps, dis-toi qu'il n'y a pas de meilleure « école » pour apprendre à vivre avec les autres.

// Que fait-on en colo ?

De l'escalade, des balades, du kayak, du ski... Et puis, il y a les stages de surf et les séjours découverte-nature pour les amoureux des animaux... À toi de choisir avec tes parents. Dans tous les cas, la colonie, c'est l'idéal pour apprendre à se débrouiller tout seul, tout en prenant en compte les autres.

// Est-ce dur de se faire des copains en colo ?

Être ensemble vingt-quatre heures sur vingt-quatre, ça rend les rencontres plus faciles. En plus, il y a les soirées pour délirer et les chambres communes pour discuter dans le noir. Tout va plus vite en colo. Tout est plus fort et plus intense. Les amitiés, les rivalités... Et les amours aussi.

// Est-ce qu'on s'ennuie en colo ?

Tes parents et ta maison te manquent ? Tu te sens un peu seul... ou, au contraire, tu aimerais pouvoir t'isoler de temps en temps. Normal d'avoir des petits coups de blues quand on part loin de chez soi pendant deux ou trois semaines. Tu peux en parler aux monos du centre ou appeler tes parents. Mais en général, ça ne dure pas. Et à la fin, tu n'auras plus du tout envie de partir !

// « J'ai très envie de partir en colo... pas mes parents ! »

Depuis le temps que tes copains t'en parlent, tu aimerais bien y aller toi aussi. Le problème, c'est que tes parents ne sont pas trop d'accord : « C'est trop tôt, tu es trop jeune. » Lorsque les enfants partent en colo, ce sont surtout les parents qui stressent. Les rôles sont inversés : à toi de les rassurer !

// Des p'tits trucs pour se faire des copains en colo !

– Faire le premier pas... avec les timides, c'est gagné ! Et avec les fortes têtes, c'est respect assuré !
– User de ton sens de l'humour à toute épreuve : il n'est certes pas donné à tout le monde d'être le « boute-en-train de service », mais tu peux aider le mono à mettre de l'ambiance dans toutes les situations !
– Adopter la cool attitude : filer un coup de main à celui qui rame et qui ne réussit pas à monter sa voile, par exemple. Ou prêter sa musique, partager sa barre de chocolat... Bref, plein de petits gestes et d'attentions qui te rendront très recherché !

mes EMOTIONS et mes sentiments

J'AI PEUR !

Tu as peur parfois au point de devenir vert, blanc, immobile comme une statue ou de prendre tes jambes à ton cou...

// Jouer à se faire peur !

Tout le monde aime se faire peur de temps en temps pour le plaisir de vivre des grands frissons. En hurlant sur des montagnes russes ou en frémissant au cinéma devant des monstres ou des super méchants. Et même si on sait très bien que le héros va gagner, on tremble quand même !

// Peur d'avoir une mauvaise note, des maladies, de la mort...

Tu n'as plus peur du noir. Euh, enfin presque, parce que la campagne en pleine nuit, brrr...

Mais tu as des tas d'autres peurs. Des petites peurs faciles à vaincre. Et puis des peurs beaucoup plus difficiles à surmonter : la peur que quelqu'un que tu aimes ne tombe malade ou ne meure. Et aussi la peur de l'avenir, la peur de ne pas être heureux ou de ne pas être aimé... Mais grandir, c'est se poser tout un tas de questions. Et même des questions qui font peur, sur soi, sur les autres, sur l'Univers, sur la fin de la vie. Mais tous les hommes se les posent ! Ouf... rassuré ?

// Les garçons ont-ils le droit d'avoir peur ?

Les garçons ont souvent peur d'avoir peur. Ou plutôt, ils ont peur que les autres ne se rendent compte qu'ils ont peur. Il n'y a pas à avoir honte de sa peur. La peur, ça sert à signaler le danger. Et ça permet de l'éviter surtout !

Un animal qui n'aurait jamais peur ne tiendrait pas longtemps dans la savane... La peur est donc utile !

// C'est quoi, être courageux ?

Personne n'a envie d'être traité de lâche, trouillard, froussard ou, pire, de poule mouillée... Pourtant, être courageux, ça n'a jamais voulu dire ne jamais avoir peur. C'est plutôt apprendre à maîtriser sa peur, à se contrôler et à tenir bon contre vents et marées. Et puis il faut souvent plus de courage pour exprimer une opinion ou supporter certaines choses que pour donner un coup de poing...

// C'est quoi, les phobies ?

Les phobies sont des peurs incontrôlables et maladives. Comme la claustrophobie, la peur d'être enfermé, l'arachnophobie, la peur des araignées, le vertige ou la peur de l'eau. Et il est très difficile de s'en débarrasser !

D'ailleurs, bien des films jouent sur ces angoisses pour réussir leur cocktail horrifique : peur des araignées, des serpents, de la noyade... Ça marche à tous les coups !

// J'ai peur de me faire racketter

Se faire racketter par des plus grands et des plus forts que soi est une expérience pénible. On s'en veut de ne pas s'être défendu. La plupart du temps, les racketteurs sont de vrais lâches qui agissent en bande. Et le vrai courage, ce n'est pas alors de se battre un petit contre cinq grands, mais d'oser en parler immédiatement aux adultes de l'école ou aux parents.

C'EST LA HONTE !

Que celui qui n'a jamais eu envie de disparaître sous terre de honte lève le doigt ! Une blague qui ne fait rire personne, un mensonge démasqué, une bêtise gênante ou des secrets qu'on croyait bien gardés révélés... La honte débarque toujours au pire moment !

// Honte ou timidité ?

Tu deviens rouge comme une tomate quand on t'interroge en classe... Et encore plus rouge quand la plus jolie fille de l'école te sourit. C'est de la timidité. Tu n'as pas assez confiance en toi pour aller vers les autres : respire un bon coup et lance-toi ! La honte, c'est plutôt avoir envie de cacher quelque chose sans pouvoir le faire.

// « Je mens souvent »

Il y a les cachotteries pour se simplifier la vie, les inventions et les exagérations, juste comme ça, pour épater les copains. Il y a aussi les ruses de Sioux pour ne pas être puni par les parents ou les profs... Quand ces petits mensonges sont découverts, c'est la honte et tu passes pour un mytho ! Et même si les autres gobent tes bobards, au fond, tu n'es pas très fier de toi ! Sans compter que, si tu mens sens cesse, plus personne ne te croira. Alors, tu jures de dire la vérité, toute la vérité et rien que la vérité ?!

// « J'ai fait une bêtise »

Une maladresse et c'est le drame ! Tu as brisé en mille morceaux quelque chose de précieux, ou pire, tu as fait mal à un copain sans le vouloir. Mais il y a aussi les bêtises qu'on fait exprès. Résultat, on a encore plus honte après et on se sent encore plus seul. Pour que cela soit moins lourd, souviens-toi : bêtise avouée à moitié pardonnée !

// « C'est la honte de pleurer ? »

Tu as peut-être entendu dire qu'« un vrai garçon ne pleure pas » ! Même s'il est triste, s'il s'est fait mal ? Un garçon a le droit d'être triste sans passer pour une mauviette. Pleurer est souvent le meilleur moyen d'exprimer sa souffrance et sa colère… et de s'en débarrasser.

// « Je n'aime pas qu'on me voie tout nu ! »

Tu n'aimes pas que tes parents fassent irruption dans la salle de bains. Tu n'aimes pas trop non plus te déshabiller à la gym ou à la piscine devant les copains. Il est normal de vouloir protéger son intimité. Tu découvres la pudeur. Et la pudeur, c'est sacré !

// « J'ai honte de mes parents »

Ah, ces parents, ils ont toujours envie d'être affectueux quand tu préférerais marcher loin devant eux ! Beaucoup ne voient pas leurs enfants grandir. Tu voudrais disparaître dans un trou quand ta mère veut t'embrasser en public ! À toi de lui dire que ça ne te plaît pas. Elle sera un peu vexée, mais elle ne t'appellera plus « mon biquet » devant tes copains !

// « Quelqu'un m'a montré son sexe »

Il arrive malheureusement que des adultes malades montrent leur sexe dans un lieu public. Et malheureusement aussi, ces adultes, qu'on appelle des « exhibitionnistes », choisissent souvent leurs victimes parmi les enfants.

Sais-tu que cet acte est puni par la loi ? Si cela t'arrive, il se peut que tu éprouves de la honte alors que tu n'y es pour rien. Parles-en à tes parents.

CE QUE J'AIME

Tu sais de mieux en mieux ce que tu aimes et ce que tu n'aimes pas.
Ça s'appelle avoir de la personnalité ! Et tes goûts te disent qui tu es…

// Aimer, bien aimer, adorer

Quand on aime, on ne compte pas. Enfin si, quand même ! Un peu, beaucoup, passionnément, à la folie… On ne peut pas s'empêcher de faire des classements. Même entre les amis !
Tu as sans doute un meilleur copain, un deuxième meilleur copain, voire un douzième meilleur copain… Même chose pour les films ou les disques.
Il y a ceux que tu trouves « pas mal », « trop bien » ou « carrément mortels ».
Alors, quel est le palmarès de tes dix films préférés de tous les temps ? De tes dix morceaux préférés ? De tes dix plats préférés ?

// C'est quoi, aimer ?

Aimer, un seul mot avec plein de sentiments différents dedans. Ce n'est pas la même chose d'aimer les frites, d'aimer sa maman, d'aimer Matteo, son meilleur pote… ou d'aimer la jolie Sarah ! En fait, l'amour, c'est une histoire d'attirance, d'attraction, d'aimants. L'aimant qui nous attire vers certaines choses et, surtout, l'aimant qui nous attire vers les autres…

// Peut-on tout partager ?

On peut partager des milliers de choses avec les gens qu'on aime : ses passions, ses jeux, ses fringues, son temps… Mais il y a des choses qu'on n'a PAS DU TOUT envie de partager : sa brosse à dents, par exemple ! Ou son amoureuse ! Ou son jardin secret… Ça, ça ne se partage pas !

// « Je ne t'aime pas ! »

On ne peut pas aimer tout le monde ! Tu as parfaitement le droit de ne pas t'entendre avec certaines personnes. Surtout ceux qui ne se comportent pas bien à tes yeux : ils n'aiment pas prêter, ils fayotent, ils sont agressifs, coléreux… et à qui tu refuses d'accorder ton amitié. Mais parfois tu ne sais pas pourquoi tu as pris en grippe quelqu'un. Tu n'aimes pas son style ou son look… Là, c'est beaucoup moins justifié et ça peut faire très mal à l'autre.

// Accepter qu'on nous dise non !

Dur de se voir refuser quelque chose, une amitié, une invitation, un objet.

Mais apprendre la frustration, c'est la vie ! Et en plus, ça dure toute la vie… Impossible de vivre avec les autres si on n'accepte pas qu'ils nous disent non. Et puis, toi aussi tu leur dis non de temps en temps. Non ?!

// Chacun ses goûts !

Tous les goûts sont dans la nature, c'est bien connu, hein ! Sauf qu'échapper au goût du jour, à la « tendance », à la « mode », ce n'est pas toujours facile. Il y a les trucs cool, qu'on se sent obligé d'aimer, et les trucs ringards, qu'on aime en cachette… Jusqu'au jour où les trucs ringards se transforment en trucs cool ! Alors, il n'y a aucune raison d'avoir honte de ses goûts. Tu as le droit de préférer Mozart au RnB ou les comédies romantiques aux films d'horreur ! Non à l'uniformité !

CE QUE JE CROIS

Croire des histoires à dormir debout, croire que les ovnis existent, croire en Dieu ou tout simplement croire en sa bonne étoile… Il existe mille et une manières de croire. Alors que faut-il croire ? En qui croire ? Et jusqu'où ?

// Y a-t-il une vie après la mort ?

Histoires de fantômes, de réincarnations, de paradis et de vie éternelle… C'est très dur d'accepter la mort comme la fin de vie. Quand on est heureux, on ne voudrait pas que ça s'arrête. Quand on est malheureux, on voudrait vivre une autre vie plus heureuse. L'espérance d'une vie après la mort a toujours habité le cœur des hommes, comme une promesse de bonheur pour toujours !

// C'est quoi, croire ?

Croire, c'est être sûr que quelque chose est vrai… sans en avoir la preuve. C'est une question de foi ou de confiance – croire en Dieu, croire en quelqu'un. Mais les croyances peuvent aussi être des superstitions. Croire que le ciel va nous tomber sur la tête, que les chats noirs portent malheur. Bref, on peut croire parce qu'on manque de connaissances. Mais on peut aussi croire parce qu'on sait que la raison et la science n'ont pas réponse à tout.

///////// Mes émotions et mes sentiments p. 82 /////////

// Et si on se trompe ?

Rien de pire que d'avoir cru quelque chose ou quelqu'un et de se rendre compte qu'on a eu tort. On se sent trahi. Mais il y a aussi des croyances impossibles à vérifier. Personne ne peut prouver si Dieu existe ou non.

Voilà pourquoi Pascal, un philosophe célèbre, a dit que croire en Dieu était une sorte de « pari ». Et il n'y a pas que la religion… Parfois, il faut croire pour réussir ce qu'on entreprend, même si on prend le risque de se tromper.

// Peut-on croire en rien ?

Les gens qui ne croient pas en Dieu sont des « athées ». Ceux qui ont des doutes ou qui ne savent pas trop sont « agnostiques ». Mais cela ne veut pas dire que les athées et les agnostiques ne croient en rien. Ils peuvent croire en la justice, en l'amour… Impossible de vivre sans croyances, sans convictions.

// Les grandes religions

Il y a trois grandes religions monothéistes, c'est-à-dire qui proclament l'existence d'un seul Dieu.
Par ordre d'apparition dans l'histoire : le judaïsme, le christianisme et l'islam.
La majorité des Français sont chrétiens, mais il y a également des millions de musulmans et plus de cinq cent mille juifs. Il existe aussi des religions qui affirment l'existence de plusieurs dieux (polythéisme), comme l'hindouisme en Inde.
D'autres religions n'ont pas vraiment de dieux, comme le bouddhisme que pratiquent la grande majorité des Chinois.
Et dans certains endroits d'Afrique ou chez les Indiens d'Amérique, on croit que toutes les choses et les êtres de la nature sont habités par un esprit : c'est l'animisme.

mes DROITS et mes devoirs

MES DROITS

On a tous des droits et des devoirs pour vivre heureux et libres dans une société. La Charte des droits de l'homme te garantit le respect dû à toute personne humaine. Mais il existe aussi une Charte des droits de l'enfant, pour te garantir le respect dû à ton âge !

// La protection et l'éducation

Les enfants ont tous le droit d'être éduqués parce que l'éducation est le meilleur moyen d'être un jour un citoyen responsable et d'avoir un métier. En France, l'école est gratuite et obligatoire jusqu'à 16 ans. Les enfants doivent respecter certaines règles… comme par exemple aller tous les jours à l'école et arriver à l'heure le matin.

Ils ont le droit d'être protégés par leurs parents, leur famille, leurs professeurs, mais aussi par les juges, les policiers, les assistantes sociales, les pédiatres…

// Le droit de jouer et d'être insouciant

Il n'y a pas si longtemps, les enfants travaillaient très jeunes pour aider leurs parents. Certains étaient envoyés dans les champs ou à l'usine à 8 ans ! Aujourd'hui, en France, le travail des enfants est interdit. Ce n'est pas le cas dans tous les pays, surtout les plus pauvres où bien des enfants n'ont pas beaucoup le temps de jouer ni d'être insouciants…

// Le handicap

Les handicapés souffrent d'une incapacité qui rend la vie quotidienne compliquée. On peut être handicapé de naissance ou à la suite d'un accident. Le handicap peut-être physique, comme chez les aveugles, les sourds-muets ou les paralysés. Il peut aussi être mental, comme chez les autistes ou les trisomiques. Souvent, le regard des autres est difficile à supporter, « il est bizarre »… Non, il est juste différent. *La Charte des droits de l'enfant* demande aux gouvernements de soutenir un effort particulier envers les enfants handicapés : il faut les scolariser et aider leur famille pour rendre leur vie et le handicap plus… vivables.

// Allô enfance en danger

En France, il existe un numéro de téléphone pour les enfants en danger. C'est le 119. Au bout du fil, des adultes répondent vingt-quatre heures sur vingt-quatre. C'est leur métier d'écouter les enfants et de les aider. Tu peux les appeler en tant que victime mais aussi pour quelqu'un que tu connais et qui est en danger.

// La maltraitance, c'est quoi ?

Un enfant peut être victime de plusieurs types de mauvais traitements de la part d'adultes de son entourage : les violences physiques, les abus sexuels, les humiliations et les insultes, mais aussi le manque d'amour, d'attention, d'aide… Les victimes hésitent parfois à dire la vérité car elles ont peur d'être punies et de ne pas être crues. Mais, ces actes sont des actes de VIOLENCE, condamnés par la loi. Et même si le coupable est quelqu'un qu'on aime, même si c'est quelqu'un dont on a peur d'être séparé, il faut en parler. À ses proches ou aux adultes de l'école, à ses profs, à l'infirmière scolaire ou à l'assistante sociale.

////////// Mes droits et mes devoirs p. 88 //////////

// La pédophilie, c'est quoi ?

La pédophilie est l'attirance sexuelle d'un adulte pour des enfants, filles ou garçons. Un pédophile est un adulte qui force un enfant à avoir un contact sexuel (rapports sexuels ou caresses des organes sexuels). La pédophilie peut aussi passer par les images (montrer à un enfant un film pornographique) ou par Internet (attention aux forums de discussion qui sont des terrains de chasse privilégiés pour les pédophiles).

Le pédophile est parfois quelqu'un que l'enfant estime : enseignant, animateur, aumônier, voisin ou membre de la famille. Il peut agir par la violence ou par la séduction. Dans tous les cas, c'est un acte très grave : un adulte n'a pas le droit d'avoir des relations sexuelles avec un enfant ou un adolescent de moins de 15 ans, même s'il a agi par la persuasion. Les caresses forcées sont des agressions punies par la loi d'au moins sept ans de prison. Le viol, lui, est puni de vingt ans de prison.

// Que faire ?

Les victimes d'abus sexuels ont souvent honte de ce qui leur est arrivé. Pourtant, il n'y a aucune raison : le pédophile est le seul coupable. Il abuse de la fragilité de l'enfant, de son incapacité à se défendre et à comprendre ce qui lui arrive. Bien sûr, il est important que l'enfant puisse dire NON et se confier tout de suite à des adultes.

Tu as vu un enfant se faire maltraiter ? Tu as été témoin d'actes violents sur un mineur ? Parles-en à un adulte, puis appelle le 119. Tu as le devoir de dire ce que tu as vu, comme cet enfant a le droit d'être protégé.

www.allo119.gouv.fr

TOUS EGAUX ?

Depuis des années, des hommes et des femmes se battent pour un monde où tous les hommes seraient égaux.

Et toi aussi, à ta manière, tu peux faire entendre tes convictions, chez toi, dans ta classe, dans la rue...

// C'est quoi, le racisme ?

Le racisme est un délit puni par la loi. Les racistes croient que les gens d'une autre couleur ou d'une autre culture sont inférieurs. À cause de ces idées, des peuples entiers ont été dominés et exploités. Pourtant, la science a montré que les races n'existaient pas. Il n'y a pas plus de différences entre un Blanc et un Noir qu'entre un brun et un blond !

// Égaux seulement en droits...

La *Déclaration universelle des droits de l'homme et du citoyen* de 1789 affirme que « tous les hommes naissent libres et égaux en droits ». Quelles que soient leur couleur ou leur richesse, tous les hommes ont la même dignité.

Pourtant, il est difficile de croire qu'on est tous égaux quand on regarde autour de soi ! Tu as sûrement des copains de classe plus gâtés que toi… ou beaucoup moins. Certains parents font réviser leurs enfants, d'autres non. Certains parents ont les moyens financiers d'offrir des jouets, des livres, des sorties, d'autres non.

Heureusement, l'école est là pour offrir les mêmes chances à tout le monde !

// Une égalité neuve

Athènes, Ve siècle av. J.-C. : les Grecs, hommes brillamment civilisés, ont tous les droits sur leurs esclaves, proclamés égaux… aux animaux. Amérique du Sud, XVIe siècle : un évêque, Las Casas, se bat pour faire admettre aux colons espagnols que les Indiens ont une âme comme les Blancs. Régime nazi, 1940 : les Juifs, désignés comme des sous-hommes, sont traqués et éliminés. On pourrait poursuivre les exemples. Hélas, l'égalité n'a pas toujours semblé ni évidente ni essentielle !

// Et les femmes ?

Dans de nombreux endroits du monde, les femmes sont encore traitées comme des mineurs. En France, elles ont aujourd'hui exactement les mêmes droits que les hommes. Mais il a fallu attendre 1945 pour qu'elles obtiennent le droit de vote, et tout n'est pas encore gagné ! Pour un travail identique, elles restent moins bien payées. Et dès qu'il s'agit de commander, les hommes n'aiment pas partager !

// C'est quoi, l'esclavage ?

Réduire quelqu'un en esclavage, c'est le priver de sa liberté et l'obliger à travailler sans le payer. Dans l'Antiquité, 80 % des habitants de Rome étaient des esclaves, achetés et vendus sur des marchés. À partir du XVIe siècle, des millions d'Africains ont été enlevés et déportés comme esclaves en Amérique. La France a aboli l'esclavage en 1848, et aujourd'hui, il est interdit partout dans le monde. Mais malheureusement, des gens sont encore traités comme des esclaves.

A QUOI SERT LA POLITESSE ?

Imagine un monde où l'on ne dirait jamais bonjour-merci-excusez-moi-s'il vous plaît-au revoir-monsieur-madame. Bonjour la vie en société !

// La politesse, c'est quoi ?

La politesse est un ensemble de règles que l'on emploie pour montrer de l'attention et du respect aux autres.

Sais-tu qu'au Japon, il existe même une sorte de langue spéciale pour la politesse ! En français, c'est plus simple : on dit « tu » aux gens qu'on aime bien, « vous » à ceux qu'on ne connaît pas… Mais pour être poli, pas besoin de connaître par cœur le guide des bonnes manières ! Il suffit d'agir comme on aurait envie qu'on le fasse avec nous…

// Les insultes

Insulter quelqu'un, c'est le blesser avec des mots. Parfois, ça n'atteint pas… mais souvent, ça vise juste et juste là où ça fait mal ! Parce que les mots peuvent blesser, parfois autant qu'un coup de poing… D'ailleurs, c'est pour ça que dans les bandes dessinées, les insultes sont représentées avec des bombes, de la dynamite, des têtes de mort !

// Mister Courtois et Mister Goujat

• Dans la rue

– Alors que Mister Courtois s'excuse longuement quand il bouscule quelqu'un par erreur, Mister Goujat, lui, ne se retourne même pas. Sans doute parce que les mots « désolé » ou « pardon » sont absents de son vocabulaire. Le respect des autres ? Ah non, il ne connaît pas !

– Quand il entre dans un magasin, Mister Courtois tient la porte aux gens derrière lui et attend son tour dans la file

///////// Mes droits et mes devoirs p. 92 /////////

d'attente au moment de payer. Mister Goujat bouscule tous les clients, leur passe devant et leur roule sur les pieds avec son caddie.
– Charmant détail, il arrive aussi que Mister Goujat confonde la rue avec les pipi-rooms et la poubelle : il y abandonne crachats ou chewing-gums...(beurk).

• Dans les transports

– Mister Goujat impose ses goûts à tout le monde. Il met la musique à fond sur son téléphone portable ou sa radio portative.
Mister Courtois, lui, ne joue pas les DJ du métro. Il écoute son lecteur de MP3 avec des oreillettes.
– Et quand le téléphone se met à sonner, Mister Courtois répond en se présentant alors que Mister Goujat décroche en hurlant : « C'est qui ? »
– Mister Goujat reste cramponné à son strapontin aux heures de pointe ! Tant pis pour les personnes âgées et les femmes enceintes... Heureusement que Mister Courtois est là pour céder sa place !

• À table

– Mister Courtois se tient bien droit, les mains posées sur la table, et la serviette sur les genoux. Bien sûr, il attend les autres pour commencer son assiette et ne se lève de table qu'une fois le repas fini.
– Mister Goujat, lui, se jette sur la nourriture sans attendre le signal de départ. Il ponctue chaque bouchée de « scronch » et de « slurp ». Ce qui ne l'empêche pas de parler la bouche pleine... Et quand il a terminé, il fait fièrement un gros rot !

// Les gros mots

Dire un bon gros mot, parfois, ça soulage ! Mais tous les mots n'ont pas tous la même valeur, il y a les zut, les M...E, les « fais (censuré) », il y a aussi ceux qu'on peut inventer ! Il y a des mots qu'on ne met pas dans un devoir écrit ou qu'on ne dit pas devant ses parents et encore moins devant ses profs. Bref, à user avec modération... et pas devant n'importe qui. Question de respect, SVP !

SOS PLANETE EN DANGER !

La Terre se réchauffe à toute vitesse, le trou dans la couche d'ozone se creuse, la mer est de plus en plus polluée, des animaux disparaissent, les forêts aussi... Notre planète a besoin d'être protégée et nous sommes tous concernés !

// Faut-il sauver les ours et les loups ?

La lutte pour sauver les animaux en voie de disparition a aussi lieu près de chez toi. Aujourd'hui, on essaie de réintroduire des ours et des loups dans les montagnes françaises, d'où la chasse les a fait disparaître. Mais comme les nouveaux venus dévorent parfois des moutons et des chèvres, les éleveurs ne sont pas contents, même s'ils sont remboursés. Alors, l'homme, l'ours et le loup peuvent-ils vivre encore ensemble ?

// Les gestes qui sauvent la planète

– Monsieur Écolo ne laisse pas couler l'eau pour rien, et il évite de gâcher le papier et l'électricité. Monsieur Jemenfiche, lui, est plutôt le genre bataille aux tuyaux d'arrosage en pleine sécheresse ! Il laisse son ordinateur ou sa télévision allumés et il n'éteint jamais la lumière en sortant d'une pièce. Sais-tu que si tous les Européens éteignaient leurs appareils électriques au lieu de les laisser en veille, on pourrait fermer six centrales nucléaires ?

– Monsieur Jemenfiche jette ses papiers par terre dans la rue. Monsieur Écolo, lui, sait que ces déchets polluants passent dans la terre, les fleuves et les rivières. Cent vingt millions de sacs en plastique polluent les côtes françaises, pour le plus grand malheur des poissons.

– Monsieur Jemenfiche laisse ses paquets de chips et ses canettes après un pique-nique dans la forêt ou une baignade dans un torrent. Bonjour l'ambiance pour ceux qui arrivent après lui au milieu d'une décharge à ciel ouvert !

– Monsieur Écolo respecte les sites protégés. Pendant les balades dans la nature, il marche sur les chemins aménagés spécialement pour ne pas détruire des choses minuscules mais très importantes : l'habitat d'un animal, une plante rare qu'on risque d'écrabouiller sans même s'en rendre compte. Monsieur Jemenfiche, lui, dévale les dunes à toute allure, en oubliant que les clôtures qui les entourent sont là pour protéger la végétation.

// C'est quoi, le recyclage ?

Le recyclage ou tri sélectif est un acte citoyen qui permet de séparer les déchets qui peuvent être réutilisés.
Pour te donner une petite idée, chaque Français jette 373 kilos d'ordures par an ! Si on ne recyclait pas, on vivrait dans une grande poubelle ! Beurk !

Ce qu'on ne recycle pas :
– tous les déchets organiques (nourriture, épluchures, certains papiers) ;
– les bouteilles d'huile ;
– les sacs plastiques ;
– les piles ;
– les médicaments périmés.

Ce qu'on recycle :
– les petits emballages (qui, d'ailleurs, proviennent souvent eux-mêmes de produits recyclés) ;
– les bouteilles en verre ;
– les canettes ;
– les journaux, les papiers.

Sais-tu qu'on peut fabriquer un vélo avec six cent soixante-dix canettes recyclées et une voiture avec dix neuf mille boîtes de conserve ?

MA SECURITE

Maintenant que tu fais de plus en plus de choses tout seul sans tes parents, tu deviens responsable de ta sécurité. Voici quelques règles à suivre et quelques conseils de prudence...

// Le Code de la route

Les accidents de la route sont les principales causes de mortalité et de blessures graves, surtout chez les jeunes. Alors, même si le permis de conduire, ce n'est pas pour tout de suite, autant prendre de l'avance et connaître quelques règles élémentaires...

- Avant d'avoir 10 ans, tu ne peux pas voyager sur le siège avant de la voiture.
- Dans tous les cas, tu dois mettre ta ceinture, à l'avant comme à l'arrière.

– Si le conducteur de la voiture se croit au volant d'une Formule 1 n'hésite pas à lui rappeler qu'il existe des limitations de vitesse !

// À la piscine

On a rarement la chance de barboter tout seul dans une piscine. En général, c'est plutôt le bain de foule ! Et même en présence des maîtres nageurs, quand il y a du monde, un accident peut toujours arriver. Alors évite les blagues débiles et les paris fous. Pas la peine de faire boire la tasse aux potes pour rigoler, de plonger sur un copain ou d'essayer de rester dix minutes sous l'eau !

// À pied

Inutile de te rappeler que tu dois attendre que le petit bonhomme devienne vert pour traverser au feu ! Sur un passage pour piétons, les voitures doivent te céder le passage... Mais attention quand même ! Les conducteurs ne respectent pas toujours le Code de la route. Vérifie toujours qu'ils t'ont bien vu avant de traverser et, dans tous les cas, reste sur le trottoir tant que la voiture n'est pas à l'arrêt.

// À vélo

En ville, il y a de plus en plus de pistes cyclables réservées aux vélos. Mais les voitures et les piétons ont tendance à oublier l'existence des cyclistes ! Voilà pourquoi il faut être doublement prudent... Respecte les feux rouges et les sens interdits, sers-toi de ton « bras-clignotant » pour tourner et roule pleins phares la nuit en portant une tenue réfléchissante pour être aussi visible qu'un vaisseau spatial ! Et surtout, n'oublie pas de mettre ton casque.

// En rollers

Un accident de rollers sur trois a lieu au cours du premier mois d'apprentissage ! Alors, avant de se lancer sur les trottoirs, mieux vaut connaître au moins deux techniques de freinage et être capable de maîtriser sa vitesse et sa trajectoire. En rollers, tu es un piéton comme les autres, qui n'a pas le droit d'aller sur les pistes cyclables. Pense aussi à vérifier les freins, à serrer les axes et fais attention aux chutes : dans 65 % des cas, les victimes d'accidents ne portent aucune protection : genouillères, coudières, casque et protège-poignets...

mes REVES et mon avenir

JE SUIS FAN DE...

Être fan, c'est adorer, copier, imiter, admirer, collectionner...
Welcome sur la planète des fans !

// Paparazzis

Les paparazzis sont des photographes qui traquent les célébrités et vendent leurs photos à la presse people.

Les paparazzis sont des poisons pour les célébrités (comme la princesse Diana, morte dans un accident de voiture en fuyant les photographes)... mais aussi parfois leurs alliés. Car les stars ne se privent pas de les utiliser pour faire leur promo.

// C'est quoi, une idole ?

Une idole est l'image d'une divinité, par exemple une statue ou une figurine. Et les célébrités sont un peu les idoles d'aujourd'hui. On leur rend un véritable culte : posters aux murs, collection d'autographes, bouts de chemise qu'on chérit comme des reliques de saints. Et combien de fois Zizou est-il devenu le « sauveur » ou même le « messie » de l'équipe de France ?! D'ailleurs, toi aussi, tu as peut-être une idole, non ? Tu connais sa vie sur le bout des doigts, tu es imbattable sur ses goûts, ses petites phrases, les lieux où elle dédicace. Et tu cherches des infos sur Internet ou dans les magazines. Bref, tu es insatiable !

// Un monde de stars...

Star, en anglais, signifie « étoile ». Comme les étoiles, les stars brillent et filent au-dessus de nos têtes à des années-lumière de notre univers. Et comme les étoiles, elles sont inaccessibles et font rêver. Le mot a été inventé pour les acteurs du cinéma hollywoodien, mais aujourd'hui, dans la galaxie du show-business, il y a autant de stars que d'étoiles dans le ciel : stars de la chanson, du sport, du petit écran… Mais leur vie n'est pas toujours aussi rose qu'elle le paraît. De l'autre côté du miroir, il y a les contraintes, les tournées, le stress, et plus beaucoup de vie privée.

// Ressembler à ses idoles

Les fans s'identifient tellement à leurs idoles qu'ils ont parfois envie d'avoir la même coiffure ou de porter les mêmes vêtements que leur star préférée. La pub le sait bien : elle utilise des sportifs et des artistes pour vendre des produits. Mais copier une star, ce n'est pas seulement une histoire de look. Cela peut être aussi s'inspirer de ses traits de caractère, de la repartie d'Omar et Fred, de la classe de Roger Federer… En fait, vouloir ressembler à ses idoles est aussi un moyen de chercher des modèles hors de sa famille pour construire sa propre personnalité.

// Top 5 des stars préférées des 7-14 ans

N° 1 : Kev Adams

N° 2 : Black M

N° 3 : Omar Sy

N° 4 : Maître Gims

N°5 : Stromae

(Sondage Ipsos 2015)

MES HEROS PREFERES DANS LES LIVRES ET A L'ECRAN

On a tellement aimé certains héros dans les livres qu'une seconde vie leur a été donnée. De héros de papier, ils sont devenus héros animés...

// Hercule

Fils de Zeus, le roi des dieux (s'il vous plaît !) et d'une mortelle, Hercule est plutôt bien parti dans la vie. Même si son propre père envoie des serpents pour le tuer dans son berceau ! Mais bébé Hercule les étrangle à mains nues ! Ensuite, il deviendra célèbre en accomplissant douze travaux impossibles à réaliser. Pourtant, ce chevalier sans peur n'est pas vraiment sans reproche. Enfant, il a même tué son professeur de musique en l'assommant à coups de lyre ! Sa légende est restée célèbre parce que pour les Grecs anciens, la seule chose qui compte, c'est la gloire.

// Jean Valjean

Le héros du roman de Victor Hugo, *Les Misérables*, est envoyé au bagne pour avoir volé un morceau de pain. Il s'enfuit, il est repris, il s'enfuit encore et est encore repris. Après dix-neuf ans d'emprisonnement, il est libéré, mais est toujours poursuivi par l'implacable inspecteur Javert. Jean Valjean est un éternel rebelle, un héros populaire qui passe sa vie à lutter contre l'injustice.

// Dark Vador

Dans *La Guerre des étoiles*, Dark Vador symbolise le côté obscur du héros. 100 % affreux dans les deux premiers épisodes – et c'est pour ça qu'on l'aime –, il devient de plus en plus humain ensuite... Au point d'enlever son masque-respirateur artificiel juste avant de mourir. D'ailleurs, c'est lui le vrai héros du deuxième épisode de la trilogie, qui s'achève quand Anakin Skywalker enfile son masque noir de Dark Vador pour la première fois. Et la boucle est bouclée !

// Spider-Man

Avant de devenir Spider-Man, Peter Parker est un étudiant pas très bien dans sa peau, cible des moqueries de ses camarades. Jusqu'au jour où il est mordu par une araignée radioactive. Là, tout bascule ! Le voilà doté de superpouvoirs : agilité et force hors du commun, sixième sens. Mi-homme mi-araignée, il tisse sa toile d'immeuble en immeuble pour combattre les super-vilains. Spider-Man, c'est la revanche masquée des faibles et des opprimés !

// Titeuf

Le plus célèbre blondinet à épi (juste derrière Tintin) est le héros préféré des cours d'école (juste derrière Astérix). Peut-être parce qu'il se pose les mêmes questions que tous les garçons de son âge… et qu'il n'a pas peur d'appeler un zizi sexuel un zizi sexuel ! Abonné aux bêtises à répétition, Titeuf, tu l'adores parce qu'il est un peu comme toi… C'est pô vrai ?

// Harry Potter

Ce petit magicien à lunettes a conquis le monde entier. Il a de super-pouvoirs, joue au quidditch en chevauchant son balai volant et lutte contre des esprits malfaisants. Mais Harry mène aussi la vie de n'importe quel ado qui va à l'école comme tout le monde… Même si Poudlard n'est pas tout à fait le collège de Monsieur Tout-le-monde !

MES HEROS DANS L'HISTOIRE

Cinq portraits. Cinq vies. Cinq mythes qui ont marqué l'histoire.

// Hannibal

Hannibal était un grand stratège carthaginois qui vécut deux cents ans avant notre ère et se lança à l'assaut de Rome. Il décida de traverser les hauts sommets enneigés des Pyrénées et des Alpes… avec des éléphants ! Imagine leurs pas lourds sur des pentes à pic, dans la neige et dans le froid ! Incroyable mais vrai, Hannibal a pourtant réussi son pari : ses pachydermes ont fini par piétiner les armées romaines.

///////// Mes rêves et mon avenir p. 105 /////////

// Jeanne d'Arc

Un peu comme dans les contes, Jeanne d'Arc était une très jeune fille qui gardait les moutons. À cette époque, au XVe siècle, une partie de la France est occupée par les Anglais. Un jour, dans sa prière, Jeanne entend Dieu lui ordonner d'aller délivrer Orléans, aux mains des envahisseurs. Aussitôt dit, aussitôt fait : à 16 ans, Jeanne d'Arc brave tous les interdits et se présente devant le roi habillée en homme ! Elle obtient une armée. Et elle qui n'avait jamais manié les armes délivre Orléans… *Happy end ?* Eh non. Elle finira par être capturée par les Anglais et sera brûlée à 19 ans. Depuis, un véritable culte est rendu à celle que l'on appelle la Pucelle d'Orléans.

// Rimbaud

Arthur Rimbaud, ses cheveux au vent et sa mèche rebelle, est le poète mythique par excellence. Cet adolescent fugueur écrit toute son œuvre avant 20 ans, en particulier *Une saison en enfer* et *Illuminations*.

Ensuite, il s'engage dans l'armée, part en Indonésie, déserte, traverse l'Europe à pied et meurt trafiquant d'armes en Éthiopie. Voilà comment il décrit sa vie de bohème : « Petit Poucet rêveur, j'égrenais dans ma course des rimes. Mon auberge était à la Grande Ourse. »

// Einstein

Ce prix Nobel de physique est devenu une vraie pop-star ! Tu dois connaître cette célèbre photo où il tire la langue ?! Mais Einstein, c'est d'abord l'inventeur d'une formule magique : $E = mc^2$, que tout le monde connaît sans la comprendre. Et dire qu'à l'école, les profs trouvent que l'élève Einstein est « très moyennement doué » !

Comme quoi… Plus tard, Einstein devient un savant engagé. Juif allemand, il s'enfuit de son pays quand Hitler prend le pouvoir en 1933. Il aidera même les Américains à fabriquer la bombe atomique pendant la Seconde Guerre mondiale. Mais une fois le conflit terminé, il milite contre la guerre et l'arme nucléaire. Bref, Einstein est à la fois un génie de la science et un homme de paix.

// Martin Luther King

Martin Luther King est un pasteur noir qui a fait de la lutte contre le racisme aux États-Unis le combat de toute sa vie. Comme Gandhi en Inde, il prône la non-violence et la fraternité entre les peuples. C'est en grande partie grâce à lui que les Noirs ont enfin obtenu les mêmes droits que les Blancs. Avant d'être assassiné en 1968, il prononce un célèbre discours qui commence par ces mots tout simples : « *I have a dream* », « J'ai fait un rêve »…

LE METIER DE MES REVES

Bon, il n'y a pas que le travail dans la vie ! N'empêche que... On y passe beaucoup de temps. Travailler peut être non seulement utile, mais aussi passionnant. Alors autant choisir un métier qui te plaît ! Déjà une petite idée ?

// Métiers de filles, métiers de garçons ?

Fini le temps où les infirmières étaient toutes des femmes et les pompiers tous des hommes. Il n'y a plus de métiers réservés aux garçons ou aux filles. Les femmes pilotes de chasse et les garçons sages-femmes, ça existe ! La preuve : 28 % des scientifiques, 17 % des chefs d'entreprise et 11 % des militaires et des policiers sont des femmes. Et ce n'est qu'un début !

// Comment choisir son métier ?

Les résultats scolaires peuvent servir de boussole. Si tu es bon en sciences de la vie et de la terre, par exemple, tu décideras peut-être de t'orienter vers la profession de chercheur, de médecin ou de vétérinaire... Mais l'essentiel est de choisir en fonction de tes goûts. Et pour en savoir plus, n'hésite surtout pas à rencontrer des gens de ton entourage qui font le métier dont tu rêves.

// Peut-on changer de métier ?

On peut travailler dans une grande entreprise pendant quelques années puis, soudain, tout quitter pour devenir guide de haute montagne ! Mais il n'y a pas que des virages à 90°. Parfois, on veut juste changer d'entreprise sans changer de métier. De toute façon, aujourd'hui, alors que le monde bouge si vite, il faut être prêt à prendre plein de nouveaux départs.

// Quand je serai grand, je serai…

– Archéologue : tu rêves de jouer les Indiana Jones et de découvrir l'entrée de temples inexplorés. Mission possible : à condition d'étudier l'histoire des civilisations et de s'armer de patience. Eh oui, on ne découvre pas une cité disparue tous les jours !

– Footballeur : tu te débrouilles plutôt bien ballon au pied et tu rêves d'être joueur professionnel. N'empêche que pour décrocher un contrat dans une équipe de Ligue 1, il faut se cramponner !

– Pilote d'avion : tu rêves de vitesse, de mécanique de haute précision, de décollage, d'atterrissage. Pilote de ligne, de chasse, le programme de vol est le même : de bons résultats à l'école, surtout en maths, des études poussées et une école d'aviation.

– Médecin sans frontières : tu rêves d'être utile, de sauver des vies dans des pays qui ont besoin d'aide, de vacciner des enfants dans des hôpitaux de brousse ou de soigner des blessés dans des zones de guerre. De nombreuses associations humanitaires accueillent les médecins volontaires. Peut-être toi ? Mais avant de t'embarquer dans une telle aventure, prépare-toi à de longues études !

// Célèbre !

Aujourd'hui, le métier qui fait le plus rêver est… star ! À cause du succès des émissions de téléréalité, tout le monde a envie d'être la « nouvelle star ». Mais passer à la télé, ce n'est pas un métier ! Confidence d'artiste : le plus important est d'avoir la passion de ce que l'on fait.

LA FAMILLE DE MES REVES

Plus tard, tu auras sans doute une famille à toi. Avant que l'avenir ne te dévoile quelle sorte de famille tu vas construire, tu peux toujours en rêver…

// Princes charmants et princesses

De la Belle au Bois Dormant à Bridget Jones, on dirait que les filles ont toujours rêvé à leur prince très charmant.

Et côté garçon, ça marche aussi ? Ben oui… Beaucoup de garçons sont de grands romantiques, même s'ils ne le crient pas sur les toits. Et toi, tu te sens plutôt l'âme d'un chevalier en armure prêt à enlever ta belle sur ton blanc destrier… Alors, prince charmant rêve de princesses charmantes !

// Comment rencontre-t-on la femme de sa vie ?

Oh ! là, là… Et si on ne la rencontre pas ? Et si on passe à côté sans la reconnaître ? Et comment être sûr que c'est bien elle, l'élue ? Pas de panique… Quand le grand jour viendra, plein d'indices se mettront à clignoter au fond de toi et te souffleront : « Et si c'était elle ? » Après, impossible d'en être sûr à 100 %. Parfois, c'est l'amour au premier regard, le coup de foudre. Parfois, ça prend un peu plus de temps de se connaître. Mais quand on tente l'aventure de toute une vie avec la femme qu'on a choisie, ça peut vraiment durer toute la vie. Bingo !

// « Quand je serai grand, j'aurai plein d'enfants ! »

Tu rêves d'une histoire qui finit par « ils vécurent heureux et eurent beaucoup d'enfants » ? Tu as peut-être envie d'une famille nombreuse parce que tu as plein de frères et sœurs et que tu trouves ça chouette. Ou à l'inverse, tu n'en as pas eu et ça te manque.

// Est-ce mieux d'être seul ?

A priori, à deux tout est deux fois plus gai. Logique ! On partage tout : les rires, les peines, ses petites histoires…

Mais à deux, c'est plus dangereux, parce qu'il y a les disputes qui durent plus ou moins longtemps. Seul, aucun risque de se fâcher et on fait ce qu'on veut ! Mais on est tout seul… Parfois, on ne l'a pas choisi, d'autres fois, c'est parce qu'on est mieux comme ça.

// « Je n'ai pas envie de me marier »

Tu as du mal à t'imaginer sous une pluie de confettis, serré dans ton smoking, perché sur les marches de la mairie ou de l'église, et tenant par le bras ta bien-aimée en blanc ! Mais quoi de plus normal. Pour l'instant, tu te vois surtout faire le tour du monde, embarqué dans une vie exaltante. Tu te demandes ce que viendrait faire une femme dans ta vie ! Mais peut-être que plus tard, tu verras les choses autrement. Pour le meilleur et pour le pire !

MON AVENIR

Que présage l'avenir ? Mystère !

// Connaître l'avenir ?

Devins, druides, augures et oracles qui lisaient dans le vol des oiseaux. Boule de cristal et tarot de Madame Irma, horoscope de Madame Soleil... Depuis toujours, les hommes ont essayé de connaître leur avenir. Mais l'art des prophéties est loin d'être une science exacte ! Figure-toi que le célèbre Nostradamus avait même prévu la fin du monde pour... 1999. Petite erreur de calcul, non ? Impossible donc de

// Y a-t-il des choses qu'on ne peut pas choisir ?

Eh oui ! On ne peut pas prévoir certains fléaux naturels, les accidents ou les maladies. Ni le moment où l'on meurt. Mais il y a aussi les hasards heureux : les rencontres que tu vas faire, le moment où tu vas tomber amoureux... La vie te réserve plein de surprises ! Ce que tu pourras choisir, c'est la façon de réagir aux événements, de saisir les occasions... Et là, il faut beaucoup d'énergie et de volonté !

prédire l'avenir. Mais même si on n'y croit pas, souvent on essaie de se rassurer un peu face aux incertitudes du futur… en jetant un œil dans la rubrique « Astres » des magazines ou en faisant un vœu quand une étoile filante traverse le ciel !

// Un monde qui change vite !

Aujourd'hui, tout va plus vite et le monde bouge en accéléré. La terre comptait 300 millions d'hommes à l'époque du Christ. En 1900, nous étions 1,6 milliard. Aujourd'hui, 6,2 milliards d'êtres humains se partagent la planète et nous serons 9 milliards en 2030 ! Le progrès technique aussi s'est emballé comme une machine folle : téléphone portable, Internet, techniques médicales… Sais-tu qu'un ordinateur est techniquement dépassé après seulement deux ou trois ans ?

// Était-ce mieux avant ?

Aaah, le bon vieux temps : point de pollution dans les rivières et les champs ; point de chômage ; on respectait ses parents et ses professeurs ! Mais le passé était-il vraiment si parfait ? Et les maladies qu'on ne savait pas soigner ? Et le linge qu'il fallait laver à la main ? Et la pauvreté, le manque d'éducation, les voyages interminables ? Il y a des choses pour lesquelles on n'a pas du tout envie de mettre en marche la machine à remonter le temps…

les FILLES et les garçons

C'EST QUOI, LA DIFFERENCE ?

Un garçon et une fille, ce n'est pas pareil ! Élémentaire… vraiment ? Petit examen à la loupe de nos différences et de nos points communs.

// Non au prêt-à-penser

Quand une fille a les cheveux courts, qu'elle aime grimper aux arbres et porter des pantalons, on dit que c'est un « garçon manqué ». De même, les garçons qui aiment la danse, les jolies fringues ou la cuisine se font souvent traiter de « fille »… Comme le héros du film *Billy Elliot* qui, à 11 ans, rêve de devenir danseur étoile.

Attention aux clichés ! Ce n'est pas parce qu'on est un garçon qu'on est enfermé dans l'uniforme du parfait mec, abonné à la bagarre et aux activités sportives.

// Différences physiques

Avant 11-12 ans, il n'y a pas grand-chose qui différencie une fille d'un garçon. Si ce n'est… leur sexe ! Eh oui, pour le reste, tout est à peu près semblable : voix, taille, carrure. Mais après, tout change ! La voix des garçons se fait plus grave, les seins des filles poussent, la silhouette se modifie…

// Des différences de comportement

Sur ce sujet, aucun doute ! Les filles et les garçons ne portent pas les mêmes vêtements… ni les mêmes couleurs !

Encore aujourd'hui, c'est souvent rose pour les filles, bleu pour les garçons. Ils ne jouent pas non plus aux mêmes jeux et n'expriment pas leurs émotions de la même manière. Mais si tout ça, c'était avant tout une question d'éducation ?

// Mille et une façons d'être un garçon

Du doux au gros dur, du costaud au fragile, il n'y a pas de modèle déposé « vrai mec ». Comme en matière de look, par exemple : il n'y a pas longtemps, les boucles d'oreilles et les cheveux longs étaient réservés aux filles.

Aujourd'hui, les rappeurs ont les oreilles percées et les amateurs de *metal* laissent pousser leurs cheveux jusqu'aux fesses !

Au XVIIe siècle, les hommes portaient des perruques, du fond de teint et des talons… Un look repris par certaines stars du rock ! Et malgré (ou à cause de) leur style, ces adeptes du maquillage sont des sex-symbols pour toutes les filles de la planète.

// Des différences indéfinissables

À part les différences biologiques, ce qui distingue les garçons et les filles ne saute pas aux yeux ! Ils vont dans les mêmes écoles, ils suivent le même apprentissage, ils ont les mêmes capacités intellectuelles. Aujourd'hui, ils se ressemblent de plus en plus… tout en restant si différents. Mais il n'existe aucune différence « obligatoire » entre eux, aucune ligne rouge infranchissable au-delà de laquelle un garçon n'est plus un garçon, une fille, plus une fille.

LA GUERRE DES CLANS ?

Chacun dans son coin du ring, garçons et filles se défient du regard et se mettent K-O avec les mots ! Mais si cette agressivité cachait en fait un peu de maladresse et beaucoup de curiosité ?

// Définitions

Pour les machistes, les femmes sont des êtres faibles que les hommes peuvent protéger et... dominer. En espagnol, *macho* veut dire « mâle ». Mais le mot est surtout utilisé par les femmes pour désigner les hommes un peu bêtes... Les misogynes éprouvent du mépris pour les filles... Peut-être parce qu'en fait, ils ont peur d'elles ? Les féministes luttent pour l'égalité entre les sexes et le droit des femmes à travers le monde.

// Une planète de filles et une planète de garçons ?

Dans le passé, les filles et les garçons étaient bien plus séparés qu'aujourd'hui. Jusqu'en 1950, il n'y avait que des écoles de garçons et des écoles de filles. Gloups... Mais aujourd'hui, tu vis dans un monde mixte où garçons et filles vivent côte à côte... Même si, parfois, tu as l'impression que les filles sont un peu des extraterrestres !

////////// Les filles et les garçons p. 118 //////////

// Pourquoi on ne se comprend pas ?

Mystère ! Peut-être que les filles entrent un peu plus tôt que les garçons dans l'adolescence ? Parfois, elles ont tendance à prendre les garçons un peu de haut, alors forcément les garçons préfèrent éviter ces donneuses de leçons ! Pour contre-attaquer, certains garçons font de la « provoc » et des blagues pas toujours très fines. En fait, la vraie question n'est pas : « Pourquoi on ne se comprend pas ? » C'est plutôt : « Pourquoi on ne se parle pas ? »

// Pourquoi, parfois, on est mieux entre garçons ?

Parce qu'avec ta bande de potes 100 % garçons, tout est plus simple, plus direct, plus évident ! Tu es déjà assez occupé à essayer de comprendre tes problèmes de garçon sans en plus t'occuper de ceux des filles ! Et puis, tout simplement, vous partagez la même passion pour le sport ou la musique et vous vous sentez beaucoup plus libres entre mecs !

// Pourquoi, parfois, c'est mieux de jouer ensemble ?

Au début, les petites filles et les petits garçons jouent tous ensemble. Ensuite, ça se complique ! Des clans commencent à se former : filles d'un côté, garçons de l'autre… Mais imagine si on vivait chacun de son côté, on finirait par tourner en rond, et les jeux, ça s'invente à plusieurs… Et plus on est de garçons et de filles, plus on rit !

CE QUE LES GARÇONS PENSENT DES FILLES

Quand les garçons tirent à boulets rouges sur leurs copines, voilà le résultat : un bêtisier des préjugés préférés des mecs sur les filles. Au feu, les clichés !

// Les filles sont bavardes

Patati patati, blablabla, pchipchipchi… Au secours, ça n'arrête jamais ! Quelle bande de pipelettes ! Dans la cour de récré, au téléphone, dans leur chambre, au lieu de faire du sport, de se défouler – de faire des trucs normaux, quoi ! – elles préfèrent continuer à papoter, à échanger les derniers cancans. Leurs programmes préférés ? Radio-ragots et la rubrique « potins » du journal du bahut… À croire qu'elles ont beaucoup plus de choses à dire que nous, les garçons !

// Les filles sont de vraies chipies

Elles piquent, griffent, pestouillent, colportent des ignominies et des rumeurs même pas vraies ! En plus, elles font tout dans le dos : elles cassent du sucre, se plantent des poignards… Impossible de leur faire confiance.

Alors que nous, les garçons, on se dit toujours tout en face, les yeux dans les yeux… Mais si ! Mais enfin !? La preuve !

// Les filles sont capricieuses

Insupportables, ces petites princesses qui se prennent toutes pour des divas ! Si on ne leur apporte pas ce qu'elles veulent sur un plateau, elles boudent, trépignent, tapent du pied, sanglotent. Comme Cléopâtre, la reine des caprices et des colères ! Sauf que la reine d'Égypte a su mener par le bout du nez et rendre fous d'amour deux des Romains les plus puissants de la planète, César et Antoine… Ah, ces filles, toutes des Cléopâtre ?

// Les filles sont dépensières

Tout le monde le dit, les filles sont des accros du shopping. Et qu'elles ne cherchent pas d'excuse… Pour soigner leur look, elles sont capables de casser leur tirelire ! Ridicule ! C'est pas les garçons qui dépenseraient tout leur argent de poche du mois pour une super fringue ! Non ? Vraiment ? Sauf peut-être pour des super baskets… ou un sweat classe… une nouvelle console de jeux… un survêt de marque… un… Hum !

// Les filles ont peur de tout

Elles ont peur le jour, elles ont peur la nuit, elles ont peur des souris, des araignées, des gros chiens, du noir, d'une goutte de sang, des pétards, de sauter du plongeoir, d'escalader… Mais si en fait elles faisaient semblant, pour nous donner l'illusion qu'on est forts ?!

// Mais les filles sont aussi…

Gracieuses, sensibles, drôles, fines, pleines de vie, attentionnées, gaies, ravissantes, intelligentes, serviables, mignonnes, mûres, patientes… (Liste infinie à compléter.)

CE QUE LES FILLES PENSENT DES GARÇONS

Face B du bêtisier, mais cette fois, côté fille !
Best of de nos pires défauts selon elles...

// Les garçons se moquent tout le temps

Il paraît que nous, les garçons, on adore blaguer et qu'on n'est pas les rois de la finesse – surtout quand on est en troupeau ! Et soi-disant, on fait un peu moins les malins sans notre bande. Il paraît aussi que nos blagues sont blessantes et qu'en plus, on ne s'en rend même pas compte ! Mouais... Faut pas exagérer. Quelles langues de vipère ces filles ! Toujours en train de se moquer !

// Les garçons se croient les plus forts

Il paraît qu'on fait les « fiérots » avec nos gros « biscotos » et qu'on fait plus travailler nos muscles que notre cerveau ! Sympa... Il paraît aussi qu'on ne pense qu'à la bagarre : on est trop violents et on aime les films d'action débiles pour hommes de Cro-Magnon ! N'importe quoi ! Et d'abord, petit rectificatif, mesdemoiselles : on ne se croit pas les plus forts, on EST les plus forts !

// Les garçons disent plein de gros mots

Grossiers, nous ?! On est juste plus directs. Vulgaires, nous ?! Bon, OK, on n'est pas toujours des poètes… Surtout quand on parle des filles. Mais en fait, c'est parce qu'on est des grands pudiques ! Et puis, elles exagèrent de dire ça… Même si elles prennent l'air choqué, on les fait quand même bien rigoler !

// Les garçons sont immatures

Combien de fois avez-vous entendu : « Mais t'as quel âge, toi ? ! » ou « T'es vraiment un gamin ! » avec un regard méprisant. Mais ce n'est pas parce qu'elles trouvent plus cool les garçons plus âgés qu'il faut nous traiter d'immatures ! Et puis, immature, ça veut dire quoi ? C'est juste qu'on ne s'intéresse pas toujours aux mêmes choses. Hé, ho, les snobs, redescendez sur Terre !

// Les garçons sont machos

Accusation numéro un des filles : on serait tous des horribles machos égoïstes. Il paraît qu'on refuse de lever le petit doigt quand il s'agit de remplir le lave-vaisselle, mettre le couvert ou faire son lit et qu'on prend notre mère pour notre bonne à tout faire. Elles y vont un peu fort, là… Personne n'est parfait après tout !

// Mais les garçons sont aussi…

Drôles, sensibles, attentionnés, charmants, gaffeurs, rigolos, touchants, rebelles, gentils, courageux, créatifs…

(Liste infinie à compléter.)

AMOUREUX ?

Es-tu déjà tombé amoureux ? Oui ? Non ? Pas vraiment ? Pas encore ? En tout cas, tu sens qu' « il y a de l'amour dans l'air » !

// Et si elle ne m'aime pas ?

On ne peut pas obliger quelqu'un à nous aimer en retour. Malheureusement, les cœurs brisés et les chagrins d'amour font aussi partie des scénarios de l'amour. Et il faut bien l'accepter… Mais si tu sais être patient, tout n'est pas forcément perdu, car l'amour est parfois une maladie contagieuse !

// Je la trouve belle…

Dès que tu l'as vue, une foule de mots se sont bousculés dans ton esprit : trop mignonne, jolie, super charmante ! En général, le physique est la première chose que l'on remarque chez une personne. Mais ensuite, qu'est-ce qui fait qu'on trouve une fille craquante ? Ah, ça… le regard, une expression, une moue, une démarche, une voix… Bref, un mélange de petits détails et de choses plus profondes qui s'appelle le charme.

// C'est quoi, être amoureux ?

Être amoureux, c'est être très attiré par une personne. Y penser quand on se réveille et s'endormir en rêvant d'elle.

Se lever de bon pied le matin pour courir la retrouver, ne pas aimer la voir avec un autre que soi… Parce que, quand on est amoureux d'une personne, on a surtout envie d'être le plus possible seul avec elle !

// Est-ce que je dois lui avouer que je l'aime ?

Dilemme : faut-il se lancer et oser dire à la fille qui nous plaît que, justement, elle nous plaît ? Ou, au contraire, lui cacher ses sentiments, par timidité, par peur qu'elle ne les partage pas ou simplement pour ne pas gâcher une amitié ? Comment être sûr de l'effet de ces trois mots magiques, qui font peur à celui qui les prononce… et, aussi parfois à celui qui les entend ? Mais l'amour est un risque… Et le plus important, que tu sois réservé ou spontané, c'est d'être sincère !

// J'ai pas d'amoureuse !

Hé, ho ! Y a pas marqué « obligé d'avoir une amoureuse », hein ! Peut-être que ce n'est pas ta priorité et que tu as d'autres centres d'intérêt. Mais si ça te manque ou que tu en souffres, dis-toi pour te réconforter que c'est souvent quand on s'y attend le moins que ça arrive.

// Est-ce que je peux l'embrasser ?

L'embrasser ou pas l'embrasser, là est la question… En a-t-elle vraiment envie ? Si tu te poses cette question, c'est que tu n'es pas encore sûr, non ? Alors, pas de précipitation ! Et c'est peut-être elle qui t'embrassera la première !

// Pourquoi je rougis quand elle me parle ?

Quand quelqu'un nous plaît vraiment, on a les jambes qui tremblent, la voix qui tremblote, le cœur qui pique un sprint… Et on devient rouge tomato-ketchup ! En fait, l'émotion qui t'envahit te secoue de la tête aux pieds d'où ces symptômes physiques qui parlent à ta place… Hou ! Il est amoureux !

NOTRE MONDE

Alors que tu t'apprêtes à refermer ce livre, tu as plein d'images dans la tête, plein d'idées et peut-être plein de nouvelles envies. Te voilà armé pour comprendre le monde d'aujourd'hui et construire celui de demain !

// C'est génial de grandir

Tu appartiens à la génération Millenium, née avec le nouveau millénaire… Classe, non ? Et en plus, tu as la vie devant toi. Toute une vie à commencer, à imaginer, à inventer, à explorer… Plutôt excitant, non ? ! Alors, mets ton pied derrière la ligne et… un, deux, trois, prêt, partez !

// Quelques grands enjeux qui t'attendent

– Médecine : la recherche sur les nouvelles techniques médicales (génétique) et les maladies incurables.

– Technologies : nouveau moyen de communication, l'informatique évolue vite… On ne sait pas à quoi ressemblera un ordinateur dans cinq ans !

- Écologie : le développement de solutions pour préserver la planète (énergies renouvelables).
- Mondialisation : deviens un citoyen du monde en apprenant des langues, en voyageant, en travaillant avec d'autres pays !
- Droits de l'homme : le combat pour l'émancipation et la dignité des hommes sera un combat de tous les instants.
- Diplomatie : tant qu'il y aura des guerres, le monde aura besoin de personnes qui jouent les traits d'union entre les gouvernements, entre les cultures.
- Culture : arts plastiques, musique, danse… l'art du XXIe siècle reste à inventer !

// C'est génial d'être une fille

Envie d'en apprendre un peu plus sur les filles de ton âge ? Tu peux jeter un coup d'œil au jumeau de ce livre : *Les filles sont géniales*. Tu y apprendras tout ce que tu as toujours voulu savoir sur les filles sans jamais oser le demander.

Achevé d'imprimer en août 2015 par GraficaCems, en Espagne
Dépôt légal : septembre 2015
N° d'édition : 15266